THÉATRE

DE CAMPAGNE

THÉATRE

DE CAMPAGNE

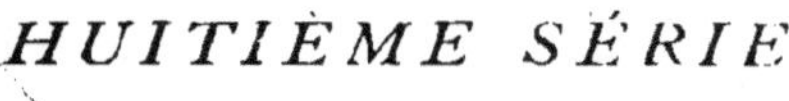

HUITIÈME SÉRIE

PARIS
PAUL OLLENDORFF, EDITEUR
28 *bis*, RUE DE RICHELIEU

1882
Tous droits réservés.

LE RIDEAU

Monologue

Par M. Eugène VERCONSIN

PERSONNAGES

MADAME D'ARBOIS.
UNE VOIX DANS LA COULISSE.

LE RIDEAU

Appartement d'hôtel. Porte au fond [1], *porte latérale. Fenêtre dont les rideaux sont fermés. Guéridon sur lequel est un sac de voyage et une lampe allumée. Fauteuil et chaise près du guéridon.*

Au lever du rideau, madame d'Arbois tient une lettre à la main et parle à la cantonade par la porte du fond.

MADAME D'ARBOIS, à la cantonade.

Vous êtes sûre que cette lettre est pour moi? (*A part.*) Je ne suis pourtant à Paris que depuis une heure. (*Elle s'approche de la lampe et regarde l'adresse de la lettre.*) Madame d'Arbois. C'est bien moi... Mais je crois reconnaître l'écriture. (*Elle revient près de la porte du fond et dit à la cantonade.*) C'est bien pour moi. Je n'ai plus besoin de vous... Ah! vous me monterez du thé demain, à neuf heures.

LA VOIX

Bien, madame.

MADAME D'ARBOIS

Fermons d'abord ma porte... à double tour; mettons

---

[1] Sur un théâtre, la porte du fond sera remplacée par une alcôve avec lit, et l'actrice entrera par la porte latérale.

aussi le verrou... Et maintenant, assurons-nous... (*Elle s'asseoit près du guéridon, ouvre la lettre et regarde la signature.*) C'est bien lui. (*Avec dépit.*) Encore! (*Elle lit.*) « Madame, depuis le jour où vous m'avez pardonné la « folie que j'ai commise... » (*Parlé.*) Je lui conseille de me rappeler ce jour-là! Un audacieux, qui ose pénétrer chez moi, ou plutôt chez ma tante, s'y cacher comme un malfaiteur... Enfin, j'ai pardonné. (*Elle reprend la lettre et lit.*) — « Depuis le jour où vous m'avez pardonné... « vous reconnaîtrez que j'ai tenu ma parole et que j'ai « cessé de vous importuner. Mais je n'avais promis ni de « cesser de vous aimer, ni de tenter de vous revoir... » (*Parlé.*) Où veut-il en venir? (*Lisant.*) — « Ne soyez « donc pas surprise si, ce matin, j'ai pris, en même temps « que vous, le train qui vous emmenait de Chateau- « Chinon à Paris... » (*Parlé.*) Comment! il était dans le train! (*Lisant.*) — « Caché discrètement dans un com- « partiment qui n'était pas le vôtre, hélas!... » (*Parlé.*) Je crois bien! j'étais montée dans celui des dames seules, où je me suis même terriblement ennuyée. (*Lisant.*)— « J'avais du moins la consolation de penser que je voya- « geais avec vous, auprès de vous, et que, si un acci- « dent arrivait... » (*Parlé.*) Hein? (*Lisant.*) — « j'aurais « peut-être la bonne fortune de périr avec vous... » (*Parlé.*) Grand merci! Ces amoureux ont des idées! (*Lisant.*) — « Ne soyez pas surprise si, demain, vous « rencontrez... à distance respectueuse, rassurez-vous! « l'homme qui vous a voué sa vie entière.. — Robert de Montbrizac. » (*Se levant.*) Ah! mais cette insistance devient une persécution. Gageons qu'il est descendu comme moi à l'Hôtel de France et que, demain, la pre- mière personne qui me saluera dans l'escalier ce sera monsieur Robert de Montbrizac. Il mériterait que demain, dès l'aube, je quittasse cet hôtel pour un autre... Un autre où l'on ne me connaîtra pas, où l'on n'aura pas pour moi les attentions que je trouve ici, car on est vraiment plein d'attentions pour moi à l'Hôtel de France. Aussi, je m'y sens presque chez moi, et en toute sécurité... ce qui n'empêche pas que je vais regarder sous mon lit tout à l'heure... Je regarde toujours sous mon lit quand je voyage, depuis le jour où j'ai lu, dans le journal de Château-Chinon, qu'une jeune veuve, comme moi, rentrant le soir dans sa chambre d'hôtel, comme moi, et, prête à se mettre au lit, aperçut, caché sous ce lit, un voleur, qui n'attendait que le moment où elle allait s'endormir pour l'assassiner... Brrr ! je frissonne quand je songe que, moi aussi, je pourrais trouver un assassin [1]. Ordinairement j'emmène ma femme de chambre avec moi, quand je m'absente. Mais, ce matin, cette malheureuse Justine ne s'avise-t-elle pas d'être malade ? Je ne pouvais cependant retarder mon voyage, puisqu'il s'agissait du mariage d'une cousine, qui a lieu demain, et j'ai dû partir seule, voyager seule, ce qui n'est pas gai du tout. (*Elle ôte, tout en parlant, son manteau de voyage, son chapeau, ses gants et ses bracelets, qu'elle dépose sur le guéridon.*) (*Riant.*) Monsieur de Montbrizac, mon persécuteur, aurait-il raison, et le veuvage, qui a pourtant de si bons côtés, aurait-il ses inconvénients ?... C'est possible, mais, pour me le prouver, ce monsieur procède par trop cavalièrement... Non,

---

[1] Au théâtre, avec le décor de l'alcôve, elle prend la lampe, regarde sous le lit et dit après avoir examiné : — Heureusement, il n'y a personne... Ordinairement, etc.

je n'oublierai jamais la singulière façon dont il...
m'intenta sa demande en mariage... C'était dans un
bal donné par ma tante, à sa maison de campagne.
Entre deux valses, Monsieur de Montbrizac s'approche
de moi :

— « Madame, me dit-il, avec le vif accent du Midi,
savez-vous ce que c'est que le coup de foudre ? »

Et, comme je ne comprenais pas :

— « C'est cet amour subit, irrésistible et diabolique
« qui s'empare de nous et nous attache, à première
« vue, à la femme que nous aimerons notre vie entière.
« Cet amour, madame, je viens de le ressentir en vous
« voyant et... j'ai bien l'honneur de vous demander
« votre main. »

— « Ma main ? lui dis-je, stupéfaite ; mais j'ai à peine
l'honneur de vous connaître. »

— « Parfaitement juste, reprend-il : Robert de Mont-
« brizac, ex-capitaine aux chasseurs d'Afrique, trente-
« trois ans, un mètre quatre-vingt au-dessus du sol... »
(*A part.*) Le fait est que c'est un homme superbe. (*Continuant.*) « très brun comme vous pouvez voir... Aimez-
« vous les bruns, chère madame ? »

— « Mon mari était blond », hasardai-je.

— « Alors je disais bien, vous aimez les bruns... Pour
« plus amples informations, vous pouvez consulter
« madame votre tante. Elle m'a connu tout bambin et
« vous dira que je suis un galant homme. »

Et il me quitta en me menaçant d'une prochaine visite. Je partais deux jours après, et je comptais bien ne
plus revoir cet original. Ah bien oui ! — Le lendemain,
je rentrais de la promenade, très fatiguée. Avant le
dîner, je m'étais retirée dans le petit salon pour me repo-

ser. Comme j'étais seule, je m'étais étendue sur le canapé et j'allais m'assoupir, quand un léger bruit me réveille. J'ouvre les yeux et je vois le rideau de la fenêtre se soulever et, derrière ce rideau, monsieur de Montbrizac qui avait osé... (*Elle regarde le rideau de la fenêtre, qui vient de s'agiter.*) Tiens! on dirait que celui-ci a remué aussi. (*Souriant.*) Est-ce qu'il serait encore là? Ces militaires sont capables de tout... Allons! je suis folle et ce rideau n'a pas bougé. (*Le rideau s'agite de nouveau.*) Mais si! Il a remué positivement. (*Elle s'approche prudemment du rideau.*) Ah!... (*Plus bas.*) Le capitaine est là. J'aperçois l'extrémité de ses bottes sous le rideau. (*S'adressant au rideau.*) — « Ah! voilà qui est impar-« donnable, monsieur, et je vous préviens que je vais « appeler. » — Non; point de scandale. C'est moi qui serais compromise. Mieux vaut, encore une fois, employer la douceur. La douceur! quand je suis furieuse; quand il pousse la déloyauté jusqu'à m'écrire de me rassurer. (*Elle reprend la lettre.*) Car c'est écrit. (*Lisant.*) — « Rassurez-vous.» — Tiens! il y a un post-scriptum... T. S. V. P. (*Elle tourne le feuillet et lit.*) — « Un mot « encore, madame, qui vous dira à quel point je redoute de vous déplaire. » (*Parlé.*) Quelle impudence! (*Lisant.*) — « Ma première pensée a été de descendre comme « vous à l'Hôtel de France. » (*Parlé.*) L'avais-je dit? (*Lisant.*) — « Mais j'ai résisté à cette pensée. » (*Parlé.*) Hein! (*Lisant.*) — « Ce n'est que demain, dans l'église « où l'on mariera votre parente que j'espère avoir le « bonheur de vous entrevoir. » (*Parlé.*) Demain! Mais alors qui donc est là? (*Elle montre la fenêtre.*) Qui? Mais un voleur, comme celui de la dame de mon journal. Paris regorge de voleurs en ce moment... Au sec...!

Non, si j'appelle, il va se précipiter sur moi avant que l'on ne vienne à mon secours. (*Plus bas.*) Je n'ose même pas essayer de m'échapper ; je me suis si bien enfermée qu'il ne me laisserait pas le temps d'ouvrir ma porte... Ah ! mais je n'ai plus une goutte de sang dans les veines... Voyons ! un peu de courage. Puisqu'il ne s'est pas jeté sur moi, dès qu'il m'a vue seule, c'est qu'il a un autre plan, et je le devine, son plan. Il attend que je sois couchée, comme la dame de mon journal, pour me poignarder en toute sécurité... Eh bien ! veillons, et faisons semblant de lire pour chercher un moyen de salut. (*Elle s'asseoit, prend un livre dans son sac et en lit le titre.*) — « Crimes célèbres. » (*Le rejetant.*) Non, pas celui-là. (*Elle fouille encore dans son sac.*) Ah ! je sens là mon couteau-poignard ; une arme redoutable, mais redoutable dans une main qui ne tremblerait pas, dans la main de monsieur de Montbrizac, par exemple ; mais dans la mienne !... Quel malheur qu'il n'ait pas suivi sa première pensée, monsieur de Montbrizac ! Il n'aurait pas manqué de prendre une chambre voisine de la mienne. Cette porte nous séparait et il l'enfonçait à mon premier cri... Il doit être très fort, monsieur de Montbrizac. (*D'une voix lamentable et s'asseyant.*) Mais il n'est pas là et je suis perdue, irrévocablement perdue... Allons ! C'est un assassinat de plus qui va augmenter le nombre de ceux qui se commettent journellement à Paris. Journellement à Paris, on assassine quelqu'un... Dernièrement, c'était cette infortunée marchande de journaux ; cette nuit, ce sera moi. Ah ! mais c'est horrible ! horrible !... (*Elle pleure... puis, comme ranimée par une lueur d'espoir, elle se lève et dit :*) Mais j'y songe, cet homme ne tient à ma mort que pour me voler. Eh bien !

je vais lui offrir ma bourse. C'est une transaction
acceptable, cela, et, pour peu qu'il lui reste quelque
délicatesse, il s'empressera de l'accepter... (*S'adressant
au rideau.*) « Je sais que vous êtes là, monsieur le
« voleur, mais n'ayez aucune crainte!... je ne veux pas
« vous faire arrêter... au contraire. Vous êtes sans doute
« moins coupable que ne pourraient le croire des esprits
« superficiels... Des malheurs, la misère, vous ont aigri
« contre la société et poussé au... à la révolte. Des
« enfants peut-être, de pauvres petits enfants qui ont
« faim et qui vous demandent du pain...c'est une excuse,
« cela. Aussi je veux vous faire une proposition... avan-
« tageuse pour tout le monde. Je veux vous offrir mon
« sac de voyage, avec tout l'argent qu'il renferme. Je
« vous jure que tout l'argent que j'ai emporté de
« Château-Chinon est contenu dans mon sac. (*Silence.*)
« Tenez! j'y dépose encore mes bracelets, mes bagues...
« on ne saurait agir plus loyalement. Je n'en veux reti-
« rer que quelques objets intimes qui ne vous seraient
« d'aucune utilité. (*Elle agit en parlant.*) Des objets de
« toilette, mes cheveux de voyage... Là, voilà qui est
« fait... Maintenant prenez-le! (*Elle pose son sac sur une
« chaise placée entre le guéridon et la fenêtre.*) Ayez la
« bonté de le prendre. » (*Silence.*)— Il ne répond pas?—
« Ayez la politesse de répondre. —Ah! je comprends. —
« Vous craignez que je ne vous reconnaisse plus tard
« si... » (*Elle pousse la chaise du côté de la fenêtre.*)
« Eh bien! voici mon sac à portée de votre main. Vous
« pouvez le saisir sans vous laisser voir. Prenez-le et
« disparaissez par la fenêtre, comme vous êtes venu...
« Tenez! je ferme les yeux pour être plus sûre de ne
« pas vous voir. » (*A part.*) Et pour avoir moins peur,

mon Dieu! (*Elle met ses mains devant ses yeux. Nouveau silence. Elle regarde et voit que le sac n'a pas été pris.*) Il ne l'a pas pris!... Ah! ces criminels sont d'un entêtement! (*Avec désespoir.*) — « Mais que voulez-vous alors? « Grand Dieu! j'ai entendu grincer un instrument de fer. C'est son arme qu'il prépare! (*Affolée de peur et s'agenouillant.*) « Au nom du ciel! ne me faites pas trop « de mal, monsieur l'assassin! » (*On frappe à la porte du fond.*) On a frappé.

VOIX DE FEMME, au dehors.

Pardon, madame.

MADAME D'ARBOIS

Quelqu'un! (*Elle court vers la porte.*)

LA VOIX

Madame a dû trouver dans sa chambre, près de la fenêtre, une paire de bottes.

MADAME D'ARBOIS

Que dit-elle?

LA VOIX

Oubliées par un voyageur.

MADAME D'ARBOIS

Ce serait?... Si j'osais... Du courage! (*Elle va soulever le rideau de la fenêtre et jette un cri de surprise.*) Ah! Personne... que les bottes du voyageur!

LA VOIX

Madame les trouve-t-elle?

MADAME D'ARBOIS

Oui, oui. Sauvée, mon Dieu! Mais je ne voyagerai plus seule. Demain, j'accorde ma main à monsieur de Montbrizac.

Fin.

UN AMOUR ÉLECTRIQUE

Comédie en un acte

Par M. Gabriel LIQUIER

PERSONNAGES

ARSÈNE GINGINET. . . . . M. F. Galipaux, du
Palais-Royal.
CÉLESTE JOLIVAL. . . . . Mlle Rosamond, de la
Comédie-Française.

UN AMOUR ÉLECTRIQUE

En province. — Un petit salon. — Porte au fond et porte à droite. — Fenêtre à gauche. — Une table avec tiroir, sur laquelle est une sonnette.

SCÈNE PREMIÈRE

Au lever du rideau, la scène est déserte. On entend sonner au dehors. Arsène paraît à droite, une serviette au cou, un rasoir à la main.

ARSÈNE

Hein? Vous n'avez pas entendu?... Il me semble qu'on a sonné à la grille. (*Nouveau coup de sonnette.*) V'lan! Je le disais bien!... Une visite en ce moment... quand je suis sur un cratère... avec mon rasoir anglais!... (*Faisant le geste de se raser.*) Allons, bon! Je me suis coupé! Voilà ce que c'est que de se raser sur un cratère!... (*Nouveau coup de sonnette.*) Encore!... Ça doit être un vieux sonneur... très sourd!... (*Allant regarder à la croisée.*) Une inconnue!... (*Criant.*) Madame! Je ne reçois pas! Je n'ai pas le temps! Je me fais la barbe! (*Parlé.*) Elle ne me voit pas, ne m'entend pas... Elle pousse la grille... elle monte! (*Au public.*) Vous direz que je n'y suis pas!... Parce que... Non! Je vous expliquerai une autre fois... je n'ai pas le temps. Dites que je n'y suis pas! (*Il se sauve par la droite.*)

SCÈNE DEUXIÈME

CÉLESTE, entrant par le fond ; elle est en tenue de voyage, un petit
sac à la main.

Monsieur Ginginet ?... Personne ! C'est pourtant bien
ici. On m'a parfaitement renseignée au télégraphe. J'ai
trouvé la grille ouverte, donc il est chez lui. (*Plus fort.*)
Monsieur Arsène Ginginet ?... Pas de réponse ! Voilà un
monsieur qui a l'oreille trop dure et le cœur trop tendre :
deux infirmités dont je le corrigerai. Ah ! mais... je suis
élevée à l'Américaine, moi !... Je suis l'élève et la pupille
de miss Rébecca Merrimac, qui n'entend pas raillerie
sur le chapitre de la dignité féminine ! Et quand on me
mystifie, quand on me compromet comme ce loustic que
je n'ai jamais vu, j'accours par l'express... poussée par
une soif de vengeance... une soif de soixante kilomètres
à l'heure ! Ah ! je vais donc le voir, ce monsieur !... Je
suis sûre qu'il est vieux et laid, et je commence à croire
qu'il est sourd. Ce sera la seconde surdité dont j'aurai
fait la connaissance à Vouzy-le-Sec, cet affreux pays...
Mais il ne viendra donc pas ?... Si je cassais quelque
chose ? Si je tirais le canon ?... (*Apercevant la sonnette.*)
Ah ! le tocsin !... (*Elle sonne en arpentant la scène.*)

SCÈNE TROISIÈME

ARSÈNE, CÉLESTE.

ARSÈNE, en habit noir.

Sapristi ! il faut en finir !... Madame...

CÉLESTE

Monsieur Arsène Ginginet ?

ARSÈNE

Ce n'est pas moi. Je suis son nègre.

CÉLESTE

Son nègre ?... Avec ce teint-là !...

ARSÈNE, vivement.

C'est la poudre de riz ! Puisque je vous dis que je suis mon groom...

CÉLESTE, soulignant.

Mon groom... Vous vous êtes coupé.

ARSÈNE

C'est vrai, madame,... avec un rasoir anglais. Ne vous servez jamais de rasoirs anglais !

CÉLESTE

Allons au fait. Monsieur, je suis une vraie Américaine...

ARSÈNE

Grand peuple, madame, grand peuple ! Rasoirs supérieurs !...

CÉLESTE, continuant.

Fille d'un capitaine au long cours, actuellement à Terre-Neuve... Et je viens causer avec vous. J'ai fait tout exprès le voyage de Vouzy-le-Sec... Trois heures en express.

ARSÈNE

Trois heures de chemin-de fer pour venir d'Amérique !
De ce train-là, il ne vous faudra que vingt secondes pour
m'expliquer votre visite : ça se trouve bien.

CÉLESTE

Mais c'est vous qui vous expliquerez, monsieur ! C'est
à vous de vous justifier tout d'abord.

ARSÈNE

Mon Dieu, madame...

CÉLESTE, rectifiant.

Mademoiselle.

ARSÈNE

Mon Dieu, mademoiselle, votre conversation est pleine
de charmes... comme votre personne, du reste... (*A
part.*) C'est que c'est vrai !

CÉLESTE, à part.

Moi qui le croyais vieux et vilain !

ARSÈNE

Mais je ne vous cacherai pas que j'ai à sortir.

CÉLESTE

Et voilà comme vous me recevez, vous, mon adorateur !...

ARSÈNE, stupéfait.

Moi, votre adorateur ?

CÉLESTE

Vous qui, depuis un mois, me mitraillez de déclarations... électriques !

ARSÈNE

Moi, je vous mitraille ?...

CÉLESTE

Vous enfin, qui venez de mettre mon mariage en tout petits morceaux !

ARSÈNE

Moi ? J'ai mis votre mariage... ?

CÉLESTE

Et je viens vous sommer de le raccommoder.

ARSÈNE

Mais, sapristi ! mademoiselle, c'est vous qui allez faire manquer le mien ! On m'attend à quatre heures pour la demande... et il est quatre heures dix !

CÉLESTE

Vous avancez.

ARSÈNE

Du tout ! Heure de la Bourse ! J'ai réglé ma montre... il y a dix-huit mois,... pendant un voyage à Paris... (*Prenant son chapeau.*) Et j'ai bien l'honneur...

CÉLESTE, se plaçant devant lui.

Un instant ! Je suis Américaine, monsieur.

ARSÈNE

Oui !

CÉLESTE

De Melun... Et je vous enjoins de m'y suivre à bref délai pour y déclarer publiquement...

ARSÈNE

Ah ! J'y suis !... Vous me fricotez un poisson d'avril ! Nous sommes le premier avril !

CÉLESTE

Le trente et un mars, monsieur... Quand je vous dis que vous avancez !

ARSÈNE

Eh bien ! c'est du joli, les Américaines de Seine-et-Marne !... Mais votre nom, mademoiselle ?... Votre nom ?...

CÉLESTE

Mon nom ! Il me demande mon nom ! Un homme qui m'a offert le sien !... Que dis-je ! Qui m'offrait chaque matin son cœur et son âme... sur des tas de petits papiers bleus !

ARSÈNE, à part.

Du bleu ! Tout s'explique : elle a des papillons bleus !

CÉLESTE, continuant.

Un homme qui m'appelait son ange adoré... qui me baptisait : petit lapin rose !...

ARSÈNE

Lapin rose! Halte-là, mademoiselle! Ce nom suave, je ne l'ai donné qu'à une femme au monde... et cette femme, ce n'est pas vous!

CÉLESTE

Impertinent!

ARSÈNE

Il n'y a pour moi sous le ciel, il n'y a pour moi dans la nature qu'un seul et unique lapin rose... et il s'appelle Célestine!... Et je cours demander sa patte... Non! Je cours demander sa main! (*Fausse sortie.*)

CÉLESTE

On ne passe pas! (*Elle ferme la porte du fond et prend la clef.*)

ARSENE, à part.

Saperlotte!... Mais je ne suis pas rassuré!... Ça sent le vitriol!... (*Haut.*) Ma clef, s'il vous plaît?

CÉLESTE

Pas avant que vous ne m'ayez dit comment il se fait que vous courtisiez à la fois des Célestine à Vouzy-le-Sec et des Céleste à Melun.

ARSÈNE

Puisque c'est la même personne!

CÉLESTE

Je ne comprends pas.

ARSÈNE

Qu'est-ce que ça peut bien vous faire? (*Regardant à sa montre.*) Quatre heures vingt! Je vais passer pour un indigne lâcheur!

CÉLESTE

Eh bien! monsieur? Vos explications?... La clef est à ce prix!

ARSÈNE

Au fait, un petit bout de récit... c'est peut-être le plus court!... Voici donc l'histoire. (*Il prend une pose.*) Depuis l'antiquité la plus reculée, la ville de Vouzy-le-Sec, ma patrie, était privée de télégraphe... Vous permettez que je passe aux temps modernes?

CÉLESTE, s'asseyant.

Je vous en prie.

ARSÈNE, de même.

Enfin, il y a deux mois, un télégraphe nous fut octroyé. Et comme les télégraphes de province, ça ne marche pas tout seul... généralement... le gouvernement, toujours paternel, nous expédia une employée... du sexe aimable.

CÉLESTE

Une vieille dame... Je l'ai vue.

ARSÈNE

Pardon! la vieille dame, c'est la maman! Une duègne, une Cerbère!... Celle que j'aime, c'est la jeune, c'est Célestine, sa fille unique!... Une rose que personne encore n'a respirée qu'à travers son guichet!

CÉLESTE, à part.

A-t-il l'air de l'aimer, mon Dieu !

ARSÈNE

La voir et l'idolâtrer fut pour moi l'affaire d'une secousse électrique. Connaissez-vous la secousse électrique? Ça vous fait : bing! et ça vous casse les bras. C'est enivrant! Voilà Célestine!... Ma clef, s'il vous plaît?

CÉLESTE, à part.

Oh! être aimée ainsi!... Être aimée ainsi!... (*Elle se lève, prend machinalement la sonnette et la secoue.*)

ARSÈNE, se levant.

Vous sonnez quelqu'un ?

CÉLESTE, posant la sonnette.

La suite de l'histoire, monsieur. (*Elle se rassied.*)

ARSÈNE, se rassied aussi.

J'adorais donc Célestine, mais comment le lui dire? Elle ne sort jamais, et sa mère — une sainte femme... bien désagréable!... — monte la faction autour d'elle comme la vieille garde... aux barrières du Louvre! Écrire par la poste, c'était tout compromettre. C'est alors que je fus ingénieux et hardi! (*Regardant à sa montre.*) Quatre heures vingt-cinq !

CÉLESTE

Si vous regardez encore votre montre, je jette la clef par la fenêtre ! Vous en étiez à : ingénieux et hardi.

ARSÈNE, s'épongeant le front.

Je vais donc au bureau du télégraphe. Je prends un
de ces petits papiers que le gouvernement, toujours paternel, met à la disposition du public, et j'écris bravement ceci : « Vous ai vue. Vous adore. Ai jamais aimé
que vous. Dites qu'adoration déplaît pas. Signé : Arsène. »
Puis, je m'approche du guichet, et, m'adressant à Célestine, je lui dis furtivement : « Amour et mystère ! Dépêche pour vous ! »

CÉLESTE, se levant.

Oh ! dérision !.. dérision !... (*Elle reprend et agite la
sonnette.*)

ARSÈNE, se levant.

Vous sonnez quelqu'un ?

CÉLESTE, se rassied.

La suite, monsieur !... La suite !

ARSÈNE, de même.

Célestine se mit à sourire... d'un sourire d'ingénue
qui comprend tout... et n'en a pas l'air ! Dame ! sa mère
était là, comme toujours ! Puis, elle me demande à voix
très haute : — Pour qui cette dépêche? — Vous le savez
bien, répondis-je très bas. C'est pour vous ! — L'admi-
nistration, dit-elle très haut, exige une adresse... en
toutes lettres. — Ah ! très bien, fis-je en la regardant
finement. Et comme elle s'appelait Célestine Beauvallon,
j'écrivis — pour la frime — cette adresse que je forgeai :
« A mademoiselle Céleste Jolival. » Céleste, c'était le
synonyme de Célestine ; Jolival, c'était celui de Beau-

vallon. Céleste Jolival, c'était donc Célestine Beauvallon. Comme ça, je me faisais mieux comprendre et je ne la compromettais pas. Enfin, j'ajoutai un nom de ville au hasard, le premier venu : Melun... Alors, elle sourit plus que jamais, et me dit d'une voix séraphique : Monsieur, c'est vingt sous !

CÉLESTE

Les regretteriez-vous?

ARSÈNE

Jamais de la vie ! En amour, il y a toujours les faux frais! De ce moment, la glace était rompue. Dès le lendemain, je retournais au télégraphe. Célestine s'épanouit en m'apercevant. Plus de doute : Adoration ne déplaisait pas ! Et je soupire ce télégramme numéro deux : « Dessèche sur ma tige. Abaissez regard de pitié sur adorateur ! » Elle en abaissa deux. J'eus deux regards pour un franc !

CÉLESTE

Cinquante centimes pièce !

ARSÈNE

Et depuis, j'ai recommencé tous les jours. Une fois même, je lui ai fait un quatrain... — un quatrain de trois vers !

CÉLESTE

Eh bien ! et le quatrième?

ARSÈNE

Le quatrième vers me donnait plus de vingt mots :

j'ai trouvé qu'il faisait longueur. Bref, en prose et en poésie, ce fut une cour en règle ! Par exemple, la conversation était un peu bornée... à cause de la maman ! Je parlais avec mon papier, Célestine avec ses regards... Mais ses regards ont fini par devenir si encourageants... si encourageants, que ce matin j'ai brûlé mes vaisseaux en ces termes : « Aujourd'hui à quatre heures, quand télégraphe aura fermé... viendrai demander menotte à mémère. »

CELESTE

Mémère ?

ARSÈNE

Oui... c'est un peu plus long que « mère », mais ça ne fait toujours qu'un mot. (*Se levant.*) Et maintenant, il est quatre heures bien passées, le télégraphe est fermé, les chemins sont ouverts... ou demandent à l'être ! Clef, s'il vous plaît ?

CÉLESTE, se levant brusquement.

La voilà !

ARSÈNE

Enfin !

CÉLESTE

Allez lui demander sa main, à votre Célestine !... Nous verrons après.

ARSÈNE

Bonheur ! Ivresse ! Triomphe ! (*Il va ouvrir la porte.*)

CÉLESTE

Oh ! ne chantez pas victoire ! Vous ne savez pas ce qui

vous attend ici... Moi non plus, du resté... Mais ça sera dramatique. Je vais aviser.

ARSÈNE

Tout ce qu'il vous plaira ! Je ne songe qu'à Célestine. Je m'élance, je m'évapore ! La secousse électrique : bing !... Je vole demander menotte à mémère !... (*Il s'enfuit par le fond.*)

SCÈNE QUATRIÈME

CÉLESTE

Je n'avais pourtant qu'à me nommer pour le clouer en place... Mais non : rien ne l'aurait retenu. Il m'aurait dit simplement : « Mademoiselle, il y a mal donne... J'ai bien l'honneur de vous saluer... » Et je ne voulais pas de ce nouvel affront ! Oui, j'ai bien fait de ne pas me nommer encore ! Destinée bizarre ! Un étourdi invente un nom en l'air, et ce nom se trouve avoir une propriétaire... Et lui, l'écervelé, il n'a ni compris, ni cherché à comprendre... Oh ! je lui mettrai les points sur les I... à moins que je ne me décide à l'abandonner à son sort ! Voilà donc l'homme qui a dérangé mon avenir ! C'est sa dépêche d'hier, tombée entre les mains de mon prétendu, qui m'a compromise et a rompu le mariage projeté de loin par mon père. Ça lui a porté un coup, à ce pauvre prétendu... le coup du lapin rose ! Et il a battu en retraite ! Pour moi, ce n'est pas le prétendu qui me touche... Mais ma réputation, mille téléphones !... Ma réputation !... Sur le conseil de miss Rébecca, je suis

partie... seule... parce que je suis élevée à l'Américaine !
En arrivant, je cours au télégraphe. Je demande à l'employée, — une blonde fadasse, — l'adresse de cet Arsène,
son client quotidien. Elle sourit et me répond un coq-à-
l'âne. — Pardon, me dit une vieille dame qui était là, ma
fille est un peu dure d'oreille. Quant à monsieur Arsène
Ginginet, c'est l'archiviste de Vouzy-le-Sec... la maison
d'en face !... Et j'accours ici pour dire à ce paltoquet :
« Monsieur, vous allez me suivre à Melun, et certifier
à qui de droit que je ne suis pas votre lapin rose ! »
Mais voilà qu'au lieu d'un vieux plaisantin, je trouve
un jeune... poète ! Comme il l'aime, sa Célestine ! Et
moi, moi, Céleste Jolival, je n'inspire à Melun que
des sentiments timorés... Mon caractère américain
effraie nos petits gommeux... des faces-pâles ! Je n'ai de
prétendus sérieux que ceux que m'expédie mon père...
des loups de mer !... Il me prend des envies de me venger
de tout le monde. Mon prétendu qui a douté de moi, je
le laisse où il est. Mon mystificateur... oh ! celui-là...
celui-là qui a osé me dire en face sa passion pour une
autre... je veux lui jouer un tour qui vaudra le sien !
J'entrevois une idée de vengeance... oh ! mais, une idée !
Il a besoin d'être calmé, le jeune fou ! Et c'est un service
à lui rendre que de jeter sur son électricité et sur son
mariage un peu d'hydrothérapie ! On le relâchera après
si l'on veut ! Voilà qui est dit. Où aurai-je de quoi écrire ?
(*Montrant la droite.*) Dans cette chambre, peut-être...
Oh ! miss Rébecca ! Vous serez contente de moi ! (*Elle
entre à droite.*)

SCÈNE CINQUIÈME

ARSÈNE, entrant par le fond, ahuri, en désordre, furieux.

Déception ! Damnation ! Démolition !... Refusé ! C’est
atroce. Je trouve la maman de Célestine en train de lire
l’*Histoire des prix de vertu*. Je prends mon courage à
deux mains... et mes gants... et je fais ma demande.
Elle ouvre d’abord de grands yeux... puis de grands
bras... J’ai cru qu’elle allait m’embrasser. Pas du tout !
C’était pour me donner sa malédiction... la malédiction
d’une mère ! Et quand j’ai demandé des raisons : —C’est
indécent, s’est-elle écriée. Un célibataire qui reçoit des
dames... genre américain ! — Plaît-il ? — Ne niez pas !
Une dame est chez vous ! Elle est venue demander
votre adresse. Ma fille n’est pas pour des coureurs de
votre sorte !... Et elle m’a fermé sa porte au nez ! (*Il
tombe accablé sur une chaise.*) Oh ! mes rêves ! mes
rêves !... (*Se relevant vivement.*) Et tout ça pour qui ?
Pour cette yankee de Melun... Un article d’importation...
que je ne connais pas !... Une folle, une vraie folle !
Elle n’est plus là : elle est partie... mais on peut la
rattraper ! Il y a des gendarmes à Vouzy-le-Sec... C’est-
à-dire, non... il n’y a qu’un garde-champêtre ! Oh !
n’importe, mademoiselle !... Vous aurez des nouvelles
d’Arsène... vous et vos papillons bleus ! (*Il prend dans
le tiroir de la table un buvard et une écritoire. — Ecrivant.*) « Monsieur le Procureur de la République... Une
jeune personne, donnant les signes les plus évidents
d’aliénation mentale... » (*Parlé.*) Dans quarante-huit

2.

heures, elle sera dans une maison de santé. On la relâchera si elle guérit. (*Il se remet à écrire.*)

SCÈNE SIXIÈME

ARSÈNE, CÉLESTE, sortant de la chambre de droite, un papier à la main.

CÉLESTE

C'est fait ! (*Elle lit.*) « Monsieur le Procureur de la République... Un jeune homme qui vient de faire à mes dépens ses preuves de folie, réclame les soins d'un aliéniste... » (*Parlé.*) Demain, il sera à Charenton.

ARSÈNE, l'apercevant.

Elle !

CÉLESTE, de même.

Lui !

ARSÈNE

Vengeance ! (*Il va pousser la porte du fond.*)

CÉLESTE

Que faites-vous, monsieur ?

ARSÈNE

Je nous emprisonne ! Chacun son tour !

CÉLESTE, effrayée.

Ah ! Mon Dieu !...

ARSÈNE

Oh ! il va se passer des choses... de l'Ambigu ! (*Il prend fiévreusement la sonnette et l'agite avec menace.*)

CÉLESTE

C'est indigne, monsieur ! Menacer une faible femme !

ARSÈNE

Une faible femme ? Allons donc !... Une Américaine... une émancipée... une conférencière peut-être !... Ah ! si j'avais devant moi une pauvre enfant craintive et tremblante, je ne dis pas... Je ferais grâce à une vraie jeune fille n'ayant pour toute arme que sa faiblesse et ses petits rubans de papier bleu... comme Célestine ! Mais une lionne... qui vient compromettre des archivistes... sans dire seulement son nom !

CÉLESTE

Mon nom ? Céleste Jolival.

ARSÈNE

A d'autres ! Céleste Jolival n'existe pas.

CÉLESTE

C'est ce qui vous trompe.

ARSENE

Je sais bien à quoi m'en tenir peut-être ? C'est un produit de mon imagination.

CÉLESTE

Vous l'avez devant vous.

ARSÈNE

Mazette ! Mon imagination ferait bien les choses !...
Mais comment puis-je croire ?...

CÉLESTE, sortant de son petit sac une liasse de télégrammes.

Connaissez-vous ceci ?

ARSÈNE

Des télégrammes ! (*En prenant un et lisant.*) « Vous ai
vue. Vous adore. Ai jamais aimé que vous. Dites
qu'adoration déplaît pas... » (*Parlé.*) Mon style ! c'est
mon style !...

CÉLESTE, en lisant un autre.

Et ceci : « Dessèche sur ma tige. Abaissez regard de
pitié sur adorateur... »

ARSÈNE, à part.

Elle m'a regardé !... (*Lisant un troisième télégramme.*)
         « Vibrant comme appareil Morse,
         Quand votre regard m'amorce,
         Suis plein d'électricité !... »
(*Parlé.*) Çà, c'est le quatrain... de trois vers.

CÉLESTE, éparpillant les télégrammes.

Et voici toute la collection.

ARSÈNE

Fatalité ! Fatalité ! Mais alors ?...

CÉLESTE

Alors, la destinée a voulu qu'il existât bien réellement
à Melun une Céleste Jolival. L'être que vous supposiez

imaginaire recevait ponctuellement vos petits papiers...
qui ont détraqué son mariage.

ARSÈNE

Mais, s'il en est ainsi... vous n'êtes pas folle !

CÉLESTE

Folle ?... Par exemple !

ARSÈNE

Mais si vous n'êtes pas folle... vous êtes adorable !...
(*Il déchire son papier.*)

CÉLESTE, à part.

Tiens ! Il revient à la raison. (*Elle déchire le sien.*)

ARSÈNE

Mais Célestine, saperlotte !... Comment se fait-il que
Célestine vous envoyât les dépêches ?... Puisque je lui
disais qu'elles étaient pour elle !...

CÉLESTE

Célestine ? Elle est sourde.

ARSÈNE

Sourde ?

CÉLESTE

Comme une potiche ! C'est sa mère qui me l'a
avoué.

ARSÈNE

C'était donc pour cela qu'elle me parlait si fort ! Et
moi qui lui parlais tout bas !... Oh ! mes rêves ! mes
rêves !... (*Il tombe accablé sur une chaise.*) Heu !

CÉLESTE

Ah ! Mon Dieu ! Il se trouve mal !.. Si j'appelais ?
Mais appeler, c'est achever de me compromettre...
Monsieur Arsène !.. Monsieur Arsène !.. (*Elle lui tape
dans une main.*)

ARSÈNE, se relevant d'un bond.

Bing ! La secousse électrique !

CÉLESTE

Il respire encore.

ARSÈNE

Oh ! oui, je respire !.. Je respire une atmosphère d'a-
mour .. Vous ai vue. Vous adore. Ai jamais aimé que
vous. Dites qu'adoration déplaît pas... Tiens ! je parle
télégraphe.

CÉLESTE

Mais, monsieur... Un tel aveu...

ARSÈNE

Oui, c'est peut-être un peu américain !.. Soyons
plus calme. (*Mettant ses gants.*) Mademoiselle... je suis
jeune encore... orphelin... mais rentier !

CÉLESTE

Je vous croyais archiviste.

ARSÈNE

Je suis aussi archiviste. C'est un poste honorifique...
que j'ai pris pour ne pas me croiser les bras. Il n'y a
pas d'archives à Vouzy-le-Sec ; mais le gouvernement,
toujours paternel, a créé le poste en attendant.... Il n'y
a rien à faire.... mais ça occupe.

CÉLESTE

Et vous êtes un homme d'action ?

ARSÈNE

Un tempérament... dévorant ! Vous comprenez que des archives... qui n'existent pas, ça ne suffit pas à remplir un cœur !

CÉLESTE, à part.

Pauvre garçon ! Est-il passionné !..

ARSÈNE

Mademoiselle... J'ai l'honneur de vous demander votre main.

CÉLESTE, troublée.

Suis stupéfaite... Demande à réfléchir... Attendez semaine... Tiens ! je parle nègre aussi !

ARSÈNE

Vous voyez bien que nos âmes parlent la même langue ! Vous voyez bien que la destinée a des vues sur nous, puisqu'elle fait pour nous rapprocher des choses invraisemblables !.. Je vais télégraphier à monsieur votre père.

CÉLESTE

Il est à Terre-Neuve.

ARSÈNE

Il y a le câble sous-marin ! Mon amour est capable de traverser l'Océan ! En attendant, vous me permettrez de vous accompagner à Melun ?...

CÉLESTE

Jamais, monsieur !.. (*Changeant de ton.*) Du moins, pas encore !...

ARSÈNE

Mais pour faire ma cour ?

CÉLESTE

Il y a le télégraphe.

ARSÈNE

Mais pour nous marier ?.. Sera-ce aussi par le télégraphe ?..

CÉLESTE

Ah! dame, alors... nous verrons! (*Lui tendant la main.*) Au revoir, monsieur Arsène.

ARSÈNE

Un instant !.. Je vous suis au bout du monde... à la gare!... Je... (*Elle s'échappe et lui ferme la porte au nez. — Redescendant.*) Elle a failli me casser le nez! C'est un ange!.. Je suis le prétendu d'un ange... qui n'est pas sourd! O félicité !.. Je cours lui faire un quatrain... de quatre vers!.. Non, ce n'est pas assez!... D'une foule de vers!.. (*En sortant par la droite.*) Et voilà ce que c'est qu'un amour électrique !

Fin.

TRAITEMENT THERMAL

Monologue en vers

Par M. Eugène MANUEL

PERSONNAGE

MADAME DE CAYROL.

TRAITEMENT THERMAL

Une chambre d'hôtel, de celles qui passent pour élégantes. Portes
à droite et à gauche. Une table et ce qu'il faut pour écrire :
fauteuils, une chaise-longue, une psyché ; boîtes à gants et bijoux sur
la toilette. Un sac de voyage sur une chaise ; journaux, livres, etc.
Madame de Cayrol est vêtue d'un grand peignoir de bain en flanelle
ou en molleton, bordé d'une tresse de laine rouge ; ce peignoir sera à
manches avec un capuchon ; sous ce capuchon, qui est rabaissé, quand
elle entre, elle a un coquet bonnet de toile cirée bordé de rouge, qu'elle
devra retirer à l'endroit indiqué. On aperçoit sous le peignoir entr'ouvert, qu'elle garde quelque temps, un négligé en cachemire garni de
dentelles, avec quelques flots de rubans de satin. Aux pieds, des
babouches en cuir rouge, ou des espadrilles mignonnes.
Parole très animée, beaucoup de mouvement. Caractère fantasque de
jolie femme, avec un grain de poésie et des nerfs.

MADAME DE CAYROL (Entrant précipitamment, comme si elle
quittait sa chaise à porteur. Elle jette avec colère une grosse enveloppe cachetée sur le guéridon, et dépose sur un meuble un verre
irisé.)

C'est trop fort !
(S'approchant de la porte.)
     Mariette, attendez que je sonne ;
Avertissez l'hôtel : je n'y suis pour personne !
Pour le docteur Reynold, non plus !
(Revenant à la table, elle écrit à la hâte quelques lignes et les remet
à la coulisse.)
        Montez d'abord
Chez ma tante, et portez ce billet. — C'est trop fort !
(Revenant à la porte qu'elle rouvre.)

Vous direz à Vincent de préparer les malles :
Je pars. C'est déjà trop d'un jour aux eaux thermales !
(Rouvrant la porte.)
Vous avez bien compris ? Ce soir nous emballons.

(Elle s'assied dans un fauteuil, et rejette son capuchon.)
Quel complot !
Respirons et récapitulons ! —
(Tout ce qui suit doit être débité avec une certaine volubilité, une
grâce légère et capricieuse, un mélange d'ironie et de sentiment ; les
manières et le ton seront d'une femme d'esprit et d'une enfant gâtée,
appartenant au meilleur monde.)
Après avoir vécu deux hivers retirée,
J'avais revu le monde enfin ! Dès mon entrée,
J'aperçois chaque soir, moi qui n'y pensais pas,
Un champ d'adorateurs onduler sur mes pas :
Que de types ! C'était pour moi toute une étude !
Il fallait m'y remettre : on en perd l'habitude.
La langue de l'amour a sa grammaire à part,
Où le silence parle, où parle le regard.
Que leur répondre ? plaire est un mal qu'on supporte.
Veuve à vingt ans, — peut-être un peu plus, mais n'importe
Je m'accoutumais vite à subir, sans broncher,
Ces longs roucoulements qu'on ne peut empêcher !
Quelle femme consent à vivre dédaignée ?
J'écoutais, je riais : je m'étais résignée.
Mais j'avais trop payé l'erreur d'un premier choix
Pour attiser la flamme et m'y brûler les doigts !
J'étais forte contre eux, et sans inquiétude ;
J'avais un allié puissant : la lassitude.
(Se levant, allant et venant.)
Ah ! ma tante, ma tante ! aurais-je cru jamais
Que dans la forteresse où je me renfermais

Vous-même de l'assaut vous seriez la complice ;
Et que vous agiriez avec cette malice !
Parmi les assiégeants, j'en voyais un souvent
Qui ne me quittait pas des yeux : en arrivant
Au bal, je le trouvais sur le seuil ; au théâtre,
Il était là, discret, bizarre, opiniâtre,
S'inclinant, rien de plus ; ses yeux noirs, grands ouverts,
Restaient braqués sur moi comme deux revolvers !
Ma tante, un soir, me prit à part dans une pièce,
Et, tout en dégustant une glace : « Ma nièce,
Me dit-elle, il est temps de vous parler raison.
Vous êtes jeune et belle, en pleine floraison,
— C'est elle qui le dit ! — faite pour être aimée ;
Vous prisez le talent, l'esprit, la renommée
Plus qu'un titre ? Je tiens le mari qu'il vous faut :
Un homme comme vous riche, placé très haut,
Jeune encore ; un savant illustre, qui vous aime ;
Un médecin, le mien. » — « Monsieur Reynold ? » — « Lui-même !
Et tenez, le voilà : j'en suis sûre, anxieux
Dans le salon voisin : il vous cherche des yeux ! »
C'était lui qui, guettant à toutes les issues,
— Avec ses revolvers, — nous avait aperçues ;
Mais qui, nous devinant dans cette intimité,
S'était sournoisement glissé d'autre côté.
— « Ma tante, votre ami, s'il était moins maussade,
Aurait pu se passer avec moi d'ambassade !
Mais, qu'il s'explique ou non, vous savez mon dessein :
La liberté me plaît ! — Et puis, un médecin !
Non, vous n'auriez pas eu, vous seule, cette idée !
Choisir un personnage à l'allure guindée,
Grave à faire penser que ce futur époux,
Lorsqu'il vous tend la main, veut vous tâter le pouls ?

Il vous le tâterait devant monsieur le maire ! »

(Elle va d'un meuble et d'un siége à l'autre, serrant divers bijoux
dans un coffret ; fourrant livres et objets de toilette dans un sac de
nuit, avec un agacement nerveux.)

Madame de Mayran, poursuivant sa chimère,
Pendant huit jours revient à la charge : un docteur
Que l'Institut réclame, un sage, un bienfaiteur ;
Elle me conterait quelque jour son histoire ;
On citait ses travaux et son laboratoire ;
Un franc original, dédaigneux des châteaux,
Et penchant son front pâle aux lits des hôpitaux !
— Grand merci ! Parlez-moi de ces enthousiasmes !
M'apporter un hommage escorté de miasmes !
Vivre de la clinique et rêver du boudoir !
Disséquer le matin, vous adorer le soir !
J'en ai froid. — Et puis, moi, je deviendrais jalouse :
Je prétends que l'on soit tout à moi, quand j'épouse !
Un médecin ! Monsieur s'absente jour et nuit.
Sait-on jusqu'où l'amour du prochain le conduit ?
Dehors, chez lui, partout, son rôle est de se taire,
Et, comme un confesseur, c'est l'homme du mystère !
S'il n'avait à traiter que des vieillard goutteux,
Ou, dans leurs berceaux blancs, des anges souffreteux,
— Ou ma tante, — soit ! Mais il reçoit, portes closes,
Des femmes qui s'en vont lui raconter des choses !...
Ou bien il voit, dans l'ombre, un beau corps alité,
Et déjà son regard n'est qu'infidélité.
Non, non, jamais ! — Un jour, elle me dit : « Vous êtes
Fatiguée, et le sang afflue à vos pommettes ;
Vous toussez cet hiver ; je vous trouve moins bien ;
Venez le consulter ; cela n'engage à rien. »

(Elle revient se rasseoir.)

Aurais-je dû la croire, et me prêter au piége ?
Pourquoi l'ai-je écoutée ? et dans quel but ? le sais-je ?
— « Moi, malade ? » — « Venez, ma voiture est en bas.
Je l'ai fait prévenir, et nous n'attendrons pas ! »
Nous entrons. Sa froideur m'irrite et me rassure.
Il me tâte le pouls. Voilà ! j'en étais sûre !
Un peu plus, il m'aurait auscultée. Ah ! mais non !
Il vous faudra, dit-il, quelques eaux de renom,
La mer, puis Aix-les-Bains en août ! Moi, je réclame :
« Mais, docteur, je suis donc en danger ? » — « Non, Madame ;
Mais au lieu de guérir, nous prévenons le mal,
Et nous vous prescrivons un traitement thermal ! »
L'hiver passe. On se voit, on se rencontre, on cause.
Mais d'amour pas un mot, le fourbe ! En fait de prose,
Les poisons en faveur, deux lignes qu'il écrit :
« Prenez ceci, cela ! » voilà tout son esprit !
Nous allons à la mer. Ma tante savait-elle
Qu'il nous suivrait, ayant là-bas sa clientèle ?
Je remarquai pourtant son air intimidé.
J'avais dit, au départ, un « non » bien décidé.
Nous quittons Etretat où, d'humeur persistante,
Il comptait sur mon pouls la fièvre de ma tante.
Il tremblait : croyait-il mon cœur moins endurci ?
Ah ! je le détestais ! — Nous débarquons ici.
Un vrai nid d'amoureux au pied d'une montagne.
Madame de Mayran, ce matin, m'accompagne
Chez un docteur, lequel, assez sommairement,
Sans se montrer, m'adresse à l'Etablissement,
Pour y prendre mon bain. J'endosse ce costume,
Et me fais trimballer là-bas : c'est la coutume...

   (Elle se lève avec humeur.)

Ah ! les cahottements de la chaise à porteurs !

Les couloirs imprégnés d'écœurantes moiteurs,
Et le rude entretien des baigneuses entre elles,
Que je prenais d'abord pour autant de querelles !
Et cet accoutrement grotesque, où nous cachons
Notre mauvaise humeur sous nos grands capuchons ;
Et, dans ce blanc troupeau de nonnes effarées,
Les médecins, prenant leurs mines affairées,
Et faisant trente fois, sur la foule en peignoir,
Passer et repasser leur affreux tuyau noir !
Tandis que j'observais, drapés dans leur flanelle,
Les plus beaux noms de France, assis en sentinelle
Pour attendre leur tour, la baigneuse me dit :
« Le docteur ! » Je me tourne, et tout mon cœur bondit !
C'était lui ! lui, debout devant moi, qui me brave,
Avec un thermomètre à la main, calme et grave !
Je fuis à la buvette et l'aperçois de loin
Qui remplit un grand verre et qui me l'offre à point :
Je le jette sans boire. Admirez cette audace !
Pour l'éviter, pensant lui dérober ma trace,
Je cours jusqu'à la douche ; il m'y suivrait encor,
Si, poussant une porte au fond d'un corridor,
Et trouvant le grand air après cette fournaise,
Je n'avais, sur le seuil, pris au vol une chaise
Où je monte, en criant aux porteurs : « Grand Hôtel ! »
Il m'avait devancée au perron du castel,
Et m'aidant à sortir, sans perdre contenance,

(Elle prend avec colère sur la table l'enveloppe qu'elle y a jetée
en entrant, la lit et la rejette avec impatience.)

M'a glissé dans la main ce papier : « Ordonnance ! »
Quel aplomb ! — Et me voir sous un aspect pareil,

(Elle s'approche de la psyché en ôtant son peignoir.)

Avec ce teint, ces yeux tout bouffis de sommeil,

Et ce déguisement à danser la bourrée ;
Ce veston, ces rubans, cette toile cirée !

(Elle ôte son bonnet et arrange ses cheveux.)

Être laide à ses yeux ainsi que me voilà !
Madame de Mayran, vous me paierez cela.

(Elle se rapproche de nouveau de la glace) :

Laide ?... Mais non, mais non : je n'en suis pas si sûre...
Ce regard-là peut faire encore sa blessure !
Et j'en sais qui troublaient les cœurs, en cet état, —
Sans me valoir peut-être, — aux galets d'Etretat !
Eh ! bien, si je lui plais même sous mon lainage,
Tant mieux ! qu'il soit puni, pour aimer à son âge !

(Elle se rassied.)

A son âge ? il est jeune, il est même très bien !
A-t-il des cheveux gris ?... si peu !... C'est un moyen
D'être au goût des maris ; et, sans la clientèle,
Il quitterait bientôt ses grands airs de tutelle !
Au fond, ce n'est qu'un fat. Ce regard pénétrant,
Ce ton correct, cet air toujours indifférent,
Cachent des profondeurs, comme les eaux dormantes.
Sa voix, quand il le veut, a des notes charmantes.
Pourtant il me fait peur, je ne sais pas pourquoi ;
Et je sens près de lui que je doute de moi.
Je l'ai fort mal traité, j'en conviens ! Mais sa ruse,
Pour me revoir ici, demeure sans excuse.
M'expédier aux eaux, sachant qu'il y viendra,
Provoquer un dépit dont il se moquera,
Jouer à mes dépens pareille comédie,
Sont de ces procédés que l'amour répudie !
On l'a poussé, sans doute, à ce manque d'égards :

Ils en seront tous deux pour leurs frais, et je pars...

(Elle se lève et se remet vivement à emballer ses bibelots et à tirer d'une garde-robe quelques objets de toilette, qu'elle dépose sur les sièges.)

M'en aller ?... retourner, pendant la canicule,
A Paris, et me rendre à jamais ridicule ?
Tous les jours me montrer seule au Bois ? — quel régal ! —
Et même autour du lac me croire au Sénégal ?...
Reprendre le chemin d'Etretat sans ma tante ?...
Me promener, causer, rire, vivre ? imprudente !
Recevoir mes amis, fussent-ils impotents ?...
On me le permettra, quand j'aurai quarante ans :
Encore !... Nous n'avons, quand nous sommes jolies,
Qu'un droit, un seul, celui de faire des folies !
Devoir, raison, sagesse, honnête liberté,
Monde ou retraite, à mal tout nous est imputé.
Mais les hommes ! Maris, veufs ou célibataires,
Ils peuvent tout risquer, sans peur des commentaires !
Ces médecins surtout !... le dernier carabin
Aura le droit bientôt de vous surprendre au bain,
Comme Actéon ! — Que faire ? Ah ! qu'il était commode
Le couvent, — autrefois ! — Mais ce n'est plus la mode.
Si Monsieur de Cayrol avait su me laisser
Un petit bout d'enfant adorable à bercer,
J'aurais trouvé facile, après lui, cette épreuve,
Et la mère, du moins, protégerait la veuve !
Mais on me croit légère, et l'on est insolent.

(Elle reprend machinalement le paquet cacheté, et relit.)

« Ordonnance ! » la chose est du dernier galant !
Un autre, pour montrer sa flamme plus intense,
Aurait feint d'accomplir un exploit d'importance,
Aurait cru que ma chaise au galop s'emportait ;

Au-devant des porteurs bravement se jetait,
Ou, surveillant de près la baigneuse distraite,
M'arrachait aux périls d'une douche indiscrète !...
Mais lui !... — Voyez un peu ce joli billet doux,
Sentant la pharmacie, et parfait pour la toux !
Ah ! C'est affreux ! On joue avec l'amour ! On blesse
Cruellement un cœur qui n'a que sa faiblesse !
Je puis avoir des torts, mais nul ne me défend !
On me traite en malade, ou plutôt en enfant ;
Et celui que j'ai cru plus fidèle et plus tendre,
M'abreuve d'ironie, au lieu de me comprendre !
Pourquoi pas quelque philtre à se faire adorer ?
Je rage, je suffoque, et je voudrais pleurer !

(Elle commence par froisser l'enveloppe, puis l'ouvre brusquement et
en tire, avec une colère mêlée de surprise, plusieurs petites lettres également cachetées, qu'elle examine et range successivement sur la table.)

Des paquets ! C'est cela. — étiquetés ! la dose !
Et c'est ainsi qu'on aime, et c'est cela qu'on ose !

     (Lisant :)

« Amers, dérivatifs, stimulants, calmants... » Quoi ?
Tant de médicaments dissemblables, pour moi ?
Tout le Codex !...

    (Elle aperçoit un billet ouvert.)

          Ce pli m'expliquera sans doute...
Pourquoi trembler ainsi ? Qu'est-ce que je redoute ?

(Elle s'arrête un instant, rêve, puis ouvre lentement le billet et le lit)

« Oui, vous êtes malade, et le miroir vous ment !
Je voudrais vous guérir, lentement, sûrement...
Du mal dont vous souffrez j'ai saisi les symptômes :
C'est un vide du cœur, tout hanté de fantômes ;
Vous doutez du bonheur, et vos nerfs excités
N'ont plus rien qui se prête à nos réalités !

Si mon art vous surprend et se singularise,
N'importe ! ouvrez un pli, Madame, à chaque crise.
Pour moi, comme pour vous, j'ai dosé le poison !
Je suis audacieux pour votre guérison :
Peut-être pour la mienne aussi ! » Que veut-il dire ?
       (Un silence. Elle touche les diverses enveloppes et les tâte.)
Est-ce poudre ou parole ?... Est-ce à prendre ?... est-ce à lire ?...
       (Elle prend le premier pli et lit :)

« Amers ! » Ouvrons ! Rien ?
(Elle regarde à l'intérieur de l'enveloppe comme pour y chercher quelque
                                chose.)

                          Rien qu'une lettre ?
                                   (Elle lit.)

                                        « Pardon,
Madame ! j'avais tort, quand je vous ai fait don
De mon cœur tout entier que je croyais plus ferme !
Si vous n'avez pas su lire ce qu'il renferme,
La faute en est à moi d'être si mal compris,
Et votre dur accueil en est le juste prix !
Avant vous, je n'avais qu'un culte, la science.
J'ai senti que l'amour est une autre croyance ;
J'ai rêvé qu'à vous voir marcher à mon côté,
Je doublerais ma force avec ma volonté,
Et que je me ferais une place tout autre,
Pour honorer un nom qui deviendrait le vôtre !
Sauvage, j'ai cherché le monde ; maladroit,
J'ai paru tour à tour trop ardent ou trop froid !
Grave, on m'a fait pour vous risquer un badinage :
Je vois que j'ai joué fort mal mon personnage ;
Et je sais désormais qu'il ne m'est plus permis,
Ridicule à ce point, d'être de vos amis ! »
— Pauvre Reynold ! — « Amers ! » Mais non ! mais cette lettre

Est douce comme baume, et déjà me pénètre !
(Souriant avec une certaine curiosité :)
Tous les autres paquets seraient-ils aussi doux ?
Le traitement me plaît. Encore un : risquons-nous !
(Elle prend un second paquet dont elle lit la suscription :)
« Dérivatif. »
(Elle l'ouvre et en tire une lettre qu'elle lit.)
 « Oh! non, ne partez pas encore !
Demeurez ! Ce pays est de ceux qu'on explore.
C'est à moi de partir, c'est moi qui me soumets.
Retrouvez votre calme à l'air pur des sommets !
Le matin, gravissez ces routes ombragées,
En sinueux lacets sous les pins allongées !
Le soir, sur ce beau lac bercez-vous mollement !
Ah ! si tous deux, perdus dans cet enchantement,
Oubliant les rameurs, nous voguions en silence !
Si je pouvais redire au flot qui nous balance
La page où Lamartine a versé ses douleurs,
Et dans la coupe d'or cristallisé ses pleurs !
Ces vers dignes de vous, ils sont dans ma mémoire !
Je sais aussi pleurer, et vous pouvez m'en croire.
Mais laissons cette idylle et ce rêve ébauché.
Je l'avais entrevu, je m'en suis détaché !
L'oubli sera pour vous facile et sans souffrance,
Puisque je n'ai connu que votre indifférence! »
(Elle essuie une larme et demeure rêveuse.)
Ah ! son « dérivatif » agit mal! Il a cru
Distraire ma pensée, et tout a reparu !
(Elle prend un autre paquet et l'ouvre.)
Un « stimulant » : tant mieux !... sa haine, je suppose ?...
(Elle lit avec émotion.)
« Pourquoi me lisez-vous, Madame ? quelle cause

Vous fait pousser toujours le traitement plus loin ?
Ne vous occupez plus d'un fou, qui n'a besoin
Que de songer à vous pour être insupportable,
Et qui met ses clients en péril véritable... »
(S'interrompant.)
— Ah mon Dieu !
(Continuant.)
— « Ma raison ne tient que par un fil.
Pour vous guérir j'ai pris un poison si subtil,
Que j'en suis la victime à la fin ! Pauvre sage,
Echouant dans l'amour dès son apprentissage !
Moquez- vous! je n'ai plus au cœur aucun orgueil :
De mes ambitions je vais porter le deuil;
Ma vie est condamnée et ma carrière est close !
Adieu donc ! »
(Très troublée.)
Cette fois, il a forcé la dose !
Me faire vos adieux, Reynold ! si brusquement !
Je me sens défaillir ! vite ! vite, « un calmant »...
Les gens devraient crier quand on les assassine !
Un drame qui se cache en pleine médecine !
(Elle saisit le dernier paquet, et l'ouvre rapidement.)
« Ma chère nièce.... » Tiens? que veut dire cela,
Et comment cette douche arrive-t-elle là ?
(Elle s'arrête un instant, puis, plus gaiement.)
Ma tante qui s'en mêle et travaille au volume?..
(Elle lit.)
« Je tombe juste à point pour arracher la plume
A Reynold: il pleurait et m'a tout avoué !
Ce n'est qu'un grand enfant, et je l'ai secoué !
Je soupçonnais déjà vos beaux projets de fuite,
Ma nièce, et je venais l'en avertir de suite.

Il a joint mon billet au sien, bon gré, mal gré !
Il reste, et j'ai promis que je vous retiendrai.
N'allez pas m'obliger à manquer de parole !
Vous l'aimez ! vous l'aimez, ma nièce, ou je suis folle !
Vite, un bon mouvement ! vous l'aimez ! tous ces jeux
Auraient fatigué même un cœur plus ombrageux !
Cette fois, vous direz un bon oui, je l'espère,
Et ferez trois heureux ! »

     (Emue et après un silence :)

         — Le traitement opère....
Bonne tante ! les mots ont des effets puissants !
Quel calme inattendu !... Qu'est-ce donc que je sens ?...
Que c'est bon !...

     (Touchant sa tête et son cœur.)

       Là, puis là, quel étrange bien-être !...
La crise est dissipée... il me semble renaître !...

     (Elle court à la porte qu'elle ouvre.)

Mariette !

     (Elle revient à la table, s'assied et écrit à haute voix.)

     « Je suis guérie, il était temps !
A mon tour d'ordonner, Reynold : je vous attends ! »

     (Elle se lève et, tout en fermant sa lettre.)

O vertus d'Aix-les-bains, vraiment inespérées !
Pour cette guérison, merci, sources sacrées !
J'y devrais, en partant, suspendre un ex-voto,
Puisqu'un jour a suffi, — sans une goutte d'eau !

Fin.

LE PREMIER ROMAN

Comédie en un acte

Par M. Alphonse DE LAUNAY

———

A Mademoiselle Laurence GIRARD, *ma gracieuse interprète,*

Hommage de respectueuse sympathie.

Alphonse DE LAUNAY.

PERSONNAGES

GASTON DE LUSSAN . .	M. Paul Esquier.
EDMÉE DE LAURIANNE.	Mᵐᵉˢ Laurence Gérard.
LAURE D'AMEZAC. . . .	Blanche Lincelle.
JULIE, femme de chambre.	Louise Magnier.

Cette comédie a été représentée pour la première fois, avec la distribution ci-dessus, au Cercle Richelieu, le 13 décembre 1879.

LE PREMIER ROMAN

Un salon coquet. — Pans coupés. — Portes à droite et à gauche ; celle de gauche donnant dans la chambre d'Edmée. Au fond, porte à deux battants. — Au pan de gauche, une console surmontée d'une glace. — Pendule et vases de fleurs. — Au pan de droite, un petit meuble, sur lequel il y a un vase à fleurs vide. — A droite, fenêtre donnant sur la rue. — Siéges divers : à gauche, un tête-à-tête ; à droite, fauteuils de chaque côté d'un guéridon, un pouf devant le guéridon. — Les indications droite et gauche sont prises de la salle, c'est-à-dire sont la droite et la gauche du spectateur.

SCÈNE PREMIÈRE

JULIE, seule. Elle met des fleurs dans un vase sur le guéridon.

« Enlevez les housses !.. Mettez des fleurs !..» Oh! oh! qu'est-ce qui se prépare ici ?.. Depuis son veuvage, madame n'a ouvert ses portes qu'à de rares amies... des dames, rien que des dames... le sexe fort absolument banni !.. Brrr ! c'est glacial un grand hôtel comme cela sans messieurs !.. Aussi, ce qu'on était triste ici !.. Si c'est possible à elle de se cloîtrer si longtemps parce, qu'un vieux mari, incapable de lui donner aucune satisfac-

tion, a pris congé !.. On ne changeait rien à l'appartement... Rien ne bougeait !.. On époussetait peu. Aujourd'hui... tout ce tralala !.. Je parie que c'est un
homme qu'on attend... Eh bien ! je ne suis pas fâchée
de cela, moi !.. Le couvent n'est pas mon affaire ! (*Elle
porte son vase de fleurs sur la console à gauche.*) Et
puis un homme en amène d'autres... et on ne sait pas...
On dit que les mariages arrivent par troupes !.. Ah non !
je me trompe, ce sont les malheurs !.. (*Regardant le
vase vide sur le petit meuble de droite.*) Allons, bon ! voilà
que ma provision de fleurs est épuisée, et que j'ai encore
un vase à garnir !..

SCÈNE DEUXIÈME

EDMÉE, JULIE

JULIE à EDMÉE, qui entre de gauche et regarde l'arrangement du
salon.

Pardon, madame, ce n'est pas tout à fait fini !.. Il m'a
manqué des fleurs : je vais en cueillir !..

EDMÉE

Non, c'est inutile !.. c'est bien comme cela ! Quelle
heure est-il ? Trois heures. Dans un quart d'heure il
viendra un monsieur que vous introduirez ici !..

JULIE, elle salue ; à part.

Un monsieur !.. Je le disais bien !.. Adieu le monas-
tère ! ce n'est pas trop tôt !.. (*Elle sort par le fond.*)

SCÈNE TROISIÈME

EDMÉE, seule.

Ah ! oui, c'est bien inutile de garnir ce vase !.. Le bouquet va arriver !.. fatal ! inévitable !.. J'en sens d'ici le parfum !.. Lilas blanc et violette de Parme ! Je le parierais !... Le monsieur vêtu de noir... gants clairs... le bouquet de Damoclès à la main... l'œil langoureux... la bouche en cœur !.. « Madame, vous avez daigné « prendre pitié de mes tourments et m'admettre à « l'honneur de vous présenter mes hommages !.. » C'est infaillible ! Et pendant une heure, je vais recevoir une averse de fadeurs... crême à la vanille... l'horrible crême à la vanille que j'exècre !... (*Passant à droite.*) A qui la faute après tout ? A moi, à moi seule ! (*Elle s'assied.*) Pourquoi ai-je permis à Monsieur de Lussan de venir me faire sa cour, après l'avoir opiniâtrement refusé à vingt autres qui le valaient comme naissance, esprit, fortune ?.. Il est certain qu'il est bel homme !.. Le beau mérite !.. Il ne manquerait plus qu'il fût laid !.. Où avais-je la tête quand il m'a pris cette idée étrange d'ouvrir ma porte à un prétendant déclaré ?.. Aller, de gaîté de cœur, tendre les mains aux chaînes, c'est, en vérité, se montrer bien indigne de la liberté !.. Il n'est pas beau ce monsieur de Lussan !.. C'est extraordinaire comme j'y vois clair aujourd'hui !.. Tout cet hiver, il me semblait charmant ; danseur élégant, causeur spiri- rituel... Et puis, je ne sais, il y avait quelque chose qui m'attirait... quelque chose de déjà vu et qui laisse un grand souvenir... comme si l'on se rappelait s'être... aimé dans un monde antérieur. (*Avec enthousiasme.*) Ah ! oui... il est très bien... (*Se reprenant, en se levant et passant à gauche.*) ou du moins il me semblait très bien... avant-hier encore, alors qu'il n'était pas un mari en perspective. Aujourd'hui l'optique change !.. C'est qu'en vérité, je suis bel et bien condamnée !.. Me voici inféodée à monsieur de Lussan. Je l'ai ouvertement, publiquement, solennellement autorisé à venir demander ma main !.. Et je n'ai plus qu'à me préparer... au dernier supplice !.. (*Se regardant dans la glace.*) Je suis coiffée en dépit du sens commun !.. (*Elle s'arrange.*) Cette femme de chambre est idiote ! Il y en a cependant pour de l'argent, des boucles et des frisons ! Elle ne sait tirer parti de rien ! Au fait, tant pis !.. C'est bien bon pour lui !

SCÈNE QUATRIÈME

EDMÉE, LAURE.

LAURE, entrant par le fond.

Bonjour, petite tante chérie !

EDMÉE

Ah ! bonjour Laure !.. (*Elle l'embrasse.*) Es-tu assez fraîche et charmante aujourd'hui !

LAURE. Elle ôte son chapeau et va le mettre sur le petit meuble du pan coupé de droite.

Oui, moque-toi de moi !

EDMÉE

J'ai cent ans près de toi !..

LAURE, se retournant à demi de la place où elle se trouve.

As-tu demandé là-dessus l'avis de monsieur de Lussan ?

EDMÉE

Comment ? Tu sais ?

LAURE, arrivant vers Edmée.

Madame de Stains nous a dit la grande nouvelle !..

EDMÉE

Ah ! Et voilà toute la douleur que tu en ressens ? J'ai pourtant toujours été bonne pour toi !

LAURE, riant.

Ah ! ah ! ah !.. Faut-il pleurer ?..

EDMÉE

Il me semble que la situation l'exige.

LAURE, prenant un air abattu.

Vraiment ! Ah ! pauvre petite tante, qu'as-tu fait pour être si éprouvée ?

EDMÉE

C'est mieux !

LAURE, jouant la tristesse.

Ainsi, toi, toi qui as toujours été la bonté même, qui as la beauté, l'esprit, tous les dons du ciel et de la terre, te voilà cruellement condamnée à t'unir à un homme charmant dont tous les salons raffolent ! Il faudra te résigner à être adorée, à voir tous tes caprices satisfaits, tes désirs obéis, et à faire la pluie et le beau temps avec un froncement de sourcil ou un sourire ! Pauvre chère victime !

EDMÉE

Raille, raille, tête folle qui ne connais pas l'infortune !

LAURE, riant.

Ah ! ah ! ah ! J'espère n'être pas bien longtemps sans la connaître.

EDMÉE

Oh ! oh ! pas bien longtemps !.. Tu sais qu'il est convenu que tu n'épouseras ton cousin Philippe d'Albret que lorsqu'il sera capitaine.

LAURE

Eh bien ! il va passer ! (*Se frappant les mains de joie.*) Il est porté au choix ; il est dans les dix premiers, et il y en a déjà cinq de passés !.. Dans quatre mois au plus !..

EDMÉE

Oh ! oh !

LAURE

Mais oui ! Compte donc : il n'a plus devant lui que monsieur de Champrosé qui va passer ces jours-ci ; il y a une vacance ; après, il y a monsieur de Battleux, et puis un monsieur Stadler, et puis monsieur de Castelroc... et puis c'est tout !

EDMÉE

Oh ! mais, comme tu es au courant !..

LAURE

Tu sais, monsieur Charbonneau, ce vieux petit bonhomme laid qui vient chez maman ? Eh bien! il est...
où donc déjà?... enfin dans les bureaux où ces choses-
là s'arrangent, et, comme je l'ai beaucoup câliné, il me
donne tous les renseignements... Et, petite tante, ne
t'en déplaise, dans quatre mois... au plus, tu entends
bien ?... je la connaîtrai comme toi, l'infortune !

EDMÉE

Eh bien, oui! allons, c'est entendu, tu la connaîtras !..
(*Avec un soupir.*) Ah ! la première fois, ce n'est rien !..
C'est la récidive qui est grave !.. (*Elle s'assied à
gauche.*)

LAURE, s'asseyant près de sa tante.

Enfin, Dieu merci ! grâce à cette récidive, tu vas rou-
vrir ton salon.

EDMÉE

Et tu danseras!.. Voilà la morale de la chose !.. Les
lustres ne sont pas encore allumés !..

LAURE

Comment ? madame de Stains nous a dit que l'affaire
est décidée !..

EDMÉE

Madame de Stains ! madame de Stains ! Tu penses
bien que si l'affaire, comme tu appelles cela... (*Réflé-*

chissant.) Affaire ! Pourquoi affaire ?.. Toi aussi, tu appelles cela une affaire ?

LAURE, riant.

Non... un poème !..

EDMÉE

En douze chants !.. Merci, les longs ouvrages me font peur !.. (*Passant à droite.*) Si c'était aussi avancé que cela, je serais allée en causer avec ta mère !

LAURE

Comme elle ne cesse de te le conseiller depuis longtemps, tu es bien sûre qu'elle ne pourrait que te féliciter.

EDMÉE

Enfin, nous n'en sommes qu'à une première entrevue, et il y a loin d'ici à l'église !..

LAURE

Monsieur de Lussan a les chevaux les plus vites de Paris. Il te mènera bon train et tu ne t'apercevras pas de la distance.

EDMÉE

Un enlèvement, alors !.. Ah ! ma pauvre mignonne, on ne m'enlève pas, moi !.. je suis majeure et libre !.. Tu sais qu'il va venir tout à l'heure?

LAURE

Comment ? Aujourd'hui ? Mais je me sauve alors !.. Moi qui venais pour travailler avec toi. (*Elle va pour prendre son chapeau.*)

EDMÉE, l'arrêtant.

Reste, au contraire... et travaillons. (*Elle s'assied à droite du guéridon.*)

LAURE, s'asseyant sur le fauteuil à gauche du guéridon.

Mais, devant moi, il n'osera pas aborder le sujet de sa visite!..

EDMÉE

Eh bien ?

LAURE

Comment ? Eh bien ?

EDMÉE

Ah! ma chérie, si tu pouvais l'empêcher de me le dire, le sujet de sa visite!...

LAURE

Mais...

EDMÉE

Tiens! je puis bien te confier cela... puisqu'il peut arriver que dans peu de temps tu le saches aussi bien que moi... Eh bien! quand une jeune fille a rencontré l'homme prédestiné auquel elle doit donner sa vie, il se fait un grand remue-ménage dans son cœur autrefois si calme ; elle a des tristesses inexpliquées et des gaîtés sans motif; elle tressaille quand il... — *Il...* tu entends bien?

LAURE

Oui, oui... J'entends bien... le vainqueur, le maître...

EDMÉE

Quand il entre dans le salon de sa mère...

LAURE, vivement.

Bien avant même !.. (*Elle se lève.*) Je distingue le bruit de sa voiture, dès qu'elle tourne le coin de la rue...

EDMÉE

Vraiment? Oh! mais alors, je n'ai plus rien à t'apprendre... Tu l'aimes donc ? C'est donc vrai ?

LAURE, debout.

Oh ! je ne sais pas, moi, si c'est là ce qu'on appelle aimer... mais son regard me trouble, le moindre bouquet de violettes qu'il m'apporte a plus de prix à mes yeux que la tulipe bleue à ceux d'un jardinier hollandais...

EDMÉE

Et tu prononces son nom avec ravissement ?..

LAURE, confidentiellement, s'agenouillant sur le pouf aux pieds d'Edmée.

Et je t'avouerai que j'invente des ruses pour l'apercevoir, ou, en son absence, pour faire tomber la conversation sur lui...

EDMÉE

Et tu es folle, nerveuse, tour à tour mélancolique et enjouée, silencieuse et bavarde ; tu vis double, l'âme épanouie, et tu sens autour de toi comme un rayonnement de bonheur.

LAURE, joyeusement.

Oui, oui !.. c'est cela même !.. Ah ! c'est donc aimer, cela ?..

EDMÉE, l'embrassant.

Cher petit cœur !.. (*Laure se lève.*) Eh bien! ma mignonne, rien de tout cela pour moi en cette circonstance ! Rien ne bat là !.. Il va venir, et je ne suis pas plus émue que si j'attendais l'accordeur !... Je n'ai aucun désir de prononcer son nom et de parler de lui... (*Passant à gauche.*) Et même, si tu veux, nous n'ouvrirons plus la bouche à ce sujet. Je m'ennuie, on a profité de cette disposition d'esprit pour me jeter monsieur de Lussan à la tête ; il s'est, dit-il, énamouré de moi à en perdre la raison ; j'ai eu tort de lui laisser espérer que je la lui ferais retrouver ; je m'en repens et compte arriver à la lui rendre sans qu'il m'en coûte la liberté. Voilà tout. Attendons les événements et causons de choses plus gaies. (*Elle va à la glace à gauche.*) Comment trouves-tu cette robe ?.. Me va-t-elle à peu près ?..

LAURE

De Worth, n'est-ce pas ?.. Inutile de le demander !.. Elle te sied à ravir.

EDMÉE

C'est agréablement chiffonné.

LAURE

Et tu l'inaugures aujourd'hui, n'est-ce pas ?

EDMÉE

Inaugurer est bien !... Oui, je l'inaugure... On invitera la presse...

LAURE, avec malice.

Ah !

EDMÉE

Pourquoi ce petit air malin ?.. Est-ce qu'il ne faut pas toujours porter une robe une première fois ?

LAURE, allant à elle.

Assurément... Ah ! par exemple, tu es mal coiffée... Cette boucle n'est pas à sa place...

EDMÉE

C'est ce que je me disais !.. (*Elle se regarde dans la glace.*) Déplorable architecture !

LAURE

Oh ! complètement manquée ! Tu ne peux rester ainsi !

EDMÉE

Je vais faire restaurer cela...

LAURE

Au plus vite !.. Car enfin, s'il importe que monsieur de Lussan se retire, encore faut-il qu'il emporte des regrets !..

EDMÉE

Il est convenu que nous ne parlerons pas de lui...

LAURE

Mets donc une fleur aussi !.. Tu sais comme cela te va bien !..

EDMÉE

Tu crois?.. Ah ! bah ! (*Elle sort à gauche.*)

SCÈNE CINQUIÈME

LAURE, seule.

(*De sa place, près de la porte de gauche.*) Elle la mettra!... Je suis fort peu édifiée sur cette superbe indifférence. (*Descendant.*) Ah! ma jolie tante! si j'étais aussi sûre d'épouser Philippe dans deux mois, que vous l'êtes de devenir madame de Lussan avant trente jours!.. (*En scène à droite.*) Et je parierais que vous achèterez des dispenses.

SCÈNE SIXIÈME

LAURE, JULIE, GASTON.

JULIE, introduisant M. DE LUSSAN par le fond.

Monsieur de Lussan!

GASTON, saluant.

Mademoiselle!...

JULIE, à part.

Il est très bien... Il doit avoir des amis très chics. (*Elle sort.*)

(*Gaston est vêtu de noir; gants couleur claire; il a à la main un bouquet de lilas blanc et de violettes de Parme.*)

GASTON

Madame de Laurianne?

LAURE

Ma tante est ici, monsieur. Je vais la prévenir...

GASTON

Je vous en supplie, mademoiselle, ne la dérangez pas, et veuillez me permettre de l'attendre ici !... (*A part.*) Ce sont toujours quelques minutes de gagnées pour me préparer à la lutte. (*Laure lui indique un siége; il s'assied près du guéridon, fauteuil de gauche.*) Je savais avoir l'honneur de vous rencontrer ici, mademoiselle... Je sors de chez madame votre mère...

LAURE

Ah !

GASTON

Et nous avons causé de choses qui vous intéressent !...

LAURE, vivement.

De quoi donc ?

GASTON, souriant, après un silence.

Du bal que doit donner dans huit jours madame de Stains.

LAURE, avec une gravité comique.

Oh! moi, monsieur, je n'aime pas le bal !...

GASTON

Vraiment? Ah! mais toutes les jolies danseuses sont donc prises de la nostalgie de la solitude? Ainsi, votre belle amie, mademoiselle d'Arbelles...

LAURE

Elle a depuis quelque temps le monde en horreur !...

GASTON

Le monde où n'est pas monsieur de Saujac !...

LAURE, riant.

J'ai, en effet, entendu parler de projets de mariage.

GASTON

C'est cela même ! Voyez-vous, mademoiselle, quand vous entendrez de pareilles confidences faites d'une voix mélancolique par vos amies, dites-vous bien que quelque prince Charmant s'est emparé de leur esprit... Il n'y a rien de tel que les princes Charmants pour les faire aimer la solitude !... Les fêtes deviennent un tumulte insupportable, la danse un exercice épileptique, les foules des obstacles, les hommages, les succès, un fardeau, parce que tout cela les distrait, les sépare de la seule pensée qui leur soit chère, et que l'orchestre couvre la voix mystérieuse et douce du Philippe d'Albret (*Mouvement de Laüre.*) pardon !... du monsieur de Saujac qui chante à leur oreille un air autrement intéressant !...

LAURE, émue.

Monsieur, pourquoi le nom de monsieur Philippe d'Albret vous est-il venu aux lèvres ?... Ma mère vous a-t-elle dit ?...

GASTON, riant en dessous.

Je ne sais vraiment pas pourquoi j'ai prononcé ce

nom ! Ainsi, mademoiselle, vous n'irez pas à la soirée de madame de Stains ?... ni à d'autres ?...

LAURE

Non, monsieur !

GASTON

Jusqu'à ce que monsieur Philippe d'Albret soit capitaine... Ah ! dame ! alors, ce sera à vous à ouvrir le bal !...

LAURE

Ah !... maman vous a tout dit !

GASTON

Eh ! oui, eh ! oui, elle m'a tout dit !... (*Confidentiellement.*) Vous savez que je suis parent du ministre de la guerre ?...

LAURE, joyeusement, se levant.

Ah !... Et vous voudriez bien...

GASTON, se levant.

Vous rendre au bal ? oui !... Maintenant, un service, à votre tour !...

LAURE

Oh ! tout ce que je pourrai !...

GASTON

Madame de Laurianne, à votre sens, en est-elle à la période où l'on a le monde en horreur ?...

LAURE, riant.

Ah ! ah ! ah !... demandez-le lui vous-même : je vais

vous l'envoyer !... (*Elle se dirige vers la porte de gauche. A mi-chemin.*) Mais bon espoir !... (*En ouvrant la porte.*) Moi aussi, je sais tout !... (*Elle sort.*)

SCÈNE SEPTIÈME

GASTON, seul.

Demandez-le lui vous-même !... C'est bientôt dit !... Ah !... voilà le moment terrible !... Comment engager la bataille ?... Car c'est une bataille !... Madame de Laurianne a tant d'esprit... et de caprice, m'a dit madame d'Amezac !... C'est l'ange de la contradiction, a-t-elle ajouté !... Comme c'est rassurant !... Je l'aime jusqu'à la folie : je vais jouer là mes rêves, mes espoirs, ma vie... Eh bien ! j'ai le cœur tellement pris, le cerveau si bien affolé, je suis si ému, si anxieux, que je vais, à coup sûr, dire quelque sottise !... Ah !... si je ne l'aimais pas, comme cela serait facile !... Oui, mais rien qu'à prononcer son nom, mes lèvres tremblent et je balbutie !... J'ai bien mon arme de réserve... Mais pourrai-je m'en servir ?... Ah ! la voici !

SCÈNE HUITIÈME

GASTON, EDMÉE.

EDMÉE, après les saluts.

Pardon, monsieur, de vous avoir fait attendre !... (*A part, descendant en scène, à gauche.*) Ah ! le bouquet !...

GASTON

Si long que soit le temps passé loin de vous, madame, j'étais en si charmante compagnie que la patience m'était facile !...

EDMÉE, à part.

Crème à la vanille... je l'avais bien dit !... (*Haut.*) Laure est une adorable enfant, c'est vrai !...

GASTON, présentant le bouquet.

Me permettrez-vous de vous offrir quelques fleurs ?

EDMÉE

Certainement ! (*Allant mettre le bouquet dans le vase.*) Vous voyez? je lui avais réservé une place !...

GASTON, étonné.

Ah ?...

EDMÉE

Oh! je connais les traditions !...

GASTON

Il n'y a rien de nouveau sous le soleil !...
(*Edmée s'assied sur le tête-à-tête et indique un siége à droite à Gaston.*)

EDMÉE, à part.

L'entrée en matière, à présent !...(*Elle regarde Gaston. Celui-ci est très embarrassé. Il cherche ses mots, tourne et retourne son chapeau.*)

GASTON

Madame...

EDMÉE

Monsieur?...

GASTON, après beaucoup d'hésitation.

N'êtes-vous pas fatiguée de votre bal chez madame de Stains ?

EDMÉE

Pas du tout!... Si peu, que je compte recommencer ce soir chez madame d'Arbelles !

GASTON

Vous aimez beaucoup le monde, madame ?

EDMÉE

Beaucoup, oui!...

GASTON, à part.

Le moment psychologique n'est pas venu!... (*Il tourmente ses gants. Haut.*) La position d'une veuve...belle... et jeune comme vous, madame, doit y être si agréable !... La liberté de la femme et l'espérance de la jeune fille... une situation acquise qui légitime une certaine indépendance d'allures, qui permet de tout entendre, et laisse une porte ouverte aux adorations... Un cœur libre qui, s'il sommeille, a la faculté légale de se laisser réveiller... C'est là, à coup sûr, une position enviable !...

EDMÉE

Si enviable, n'est-ce pas ? qu'il est bien fou de la changer !...

GASTON, à part.

J'ai dit une sottise!... (*Haut.*) Mais pardon, pardon, je puis plaider la thèse contraire !...

EDMÉE

Vous êtes avocat, monsieur ?...

GASTON

Ah ! madame... de ceux qui font infailliblement con-
damner leurs clients, même innocents ! (*Après beaucoup
d'hésitation.*) Madame...

EDMÉE

Monsieur ?...

GASTON, tourmentant beaucoup ses gants.

Hier... chez madame de Stains... vous m'avez fait
l'honneur...

EDMÉE, l'interrompant.

Vous prenez vos gants chez Alexandrine ?...

GASTON

Oui, madame... pourquoi ?...

EDMÉE

Parce que je me disais bien qu'il n'y avait que là
qu'on en pût trouver d'assez solides pour résister à la
rude épreuve que vous leur infligez !...

GASTON, irrité, se levant. A part.

Je suis inepte... Mais elle manque terriblement d'indulgence ! (*Haut.*) Madame, vous vous moquez d'un
pauvre garçon qui, je vous l'assure, aurait bien besoin
d'être encouragé !... Je vous avouerai que je n'ai pas
l'habitude de ces situations graves ! C'est la première
fois, et dame ! un peu de trouble, en pareille circonstance, n'est pas chose au fond si condamnable !

EDMÉE, lui faisant signe de s'asseoir.

Hier donc, chez madame de Stains?...

GASTON, se rasseyant.

Vous m'avez fait l'honneur de me permettre de me présenter chez vous...

EDMÉE

Vous y êtes. Qu'avez-vous à me reprocher?...

GASTON, mouvement d'impatience.

(*Après un silence.*) Et de vous entretenir d'un projet depuis longtemps caressé! (*A part.*) Ah! cette femme-là vous verse des douches froides! (*Haut, sans conviction.*) J'ai tant aspiré à ce moment!... Depuis un an que je suis vos pas, je n'ai osé vous confier les folies d'un cœur tout plein de vous !... Ah! que cette année a été longue, madame !... que vous m'avez fait souffrir!

EDMÉE, raillant.

Le martyrologe de tous les amoureux passés et présents n'a rien de plus pantelant!... Vous en paraissez même fort abattu !...

GASTON, à part.

Le fait est que je dois manquer absolument de conviction!... Ce n'est pas ma faute, elle me glace!... (*Haut.*) Hier enfin, vaincue par tant de constance et d'amour, vous avez daigné prendre pitié de moi.

EDMÉE, à part.

Exactement ce que j'avais dit !...

GASTON.

Et me laisser espérer que ce doux rêve d'unir votre vie à la mienne pouvait devenir une réalité.

EDMÉE, à part.

Ça y est enfin!... (*Haut, se levant et passant à droite.*) Alors, vous pensez que je suis engagée?...

GASTON, se levant et descendant un peu à gauche.

Il n'y a rien d'écrit, c'est vrai !...

EDMÉE.

Entre gens d'honneur, la parole suffit... Ainsi, il est indispensable que je rompe immédiatement avec cet état de veuve que vous dépeignez si plein de félicités, qu'à vous entendre, le premier devoir d'un mari aimant sérieusement sa femme serait de la rendre dans le plus bref délai à cette enviable position ?

GASTON.

Comme devoir, c'est peut-être un peu exagéré !...

EDMÉE.

Ce n'est pas une proposition que je vous fais! Il est donc entendu que nous nous marions?... (*Elle va s'asseoir à droite.*)

GASTON, à part.

Comme ça ?... Oh !... mes rêves !... Ah ! mais non, mais non !...

EDMÉE.

Monsieur de Lussan, maintenant que la chose est déci-

dée... dites-moi un peu quel homme vous êtes !... Dans le
monde, je vous connais très brillant, très gentilhomme,
discret, brave, spirituel.... — Parlez-moi franchement...
Dans la vie privée, qu'êtes-vous ?

GASTON, à part.

Ah ! bien... (*Haut, près du guéridon.*) Je suis très bon
au fond, je vous assure !... Caractère facile !... Ah !
dame ! ce n'est pas l'azur éternel, l'impitoyable azur qui
fait désirer le nuage... Il y a bien, par-ci par-là, quelques
petites tempêtes... Mais, vous savez, les querelles sont
précieuses dans un ménage, parce qu'elles amènent les
joies de la réconciliation.

EDMÉE

Fidèle ?

GASTON

Dans une vie antérieure, j'ai été un des chiens d'U-
lysse !... Ah ! un aveu ! (*Il s'assied.*) Vous m'avez demandé
de la franchise, n'est-ce pas ? .. Je suis un peu impérieux !... Oh ! mon Dieu ! quand je dis impérieux, c'est-
à-dire que, homme, et comme tel, désigné, dans l'ordre
immuable de la création, pour être le chef de la famille,
le roi du foyer, je ne me résignerais pas facilement à
abdiquer et à laisser tomber mon sceptre en quenouille.
Mais cela, c'est la loi de nature !... Un peu impatient... indiscipliné peut-être... mais très bon... au
fond !...

EDMÉE

Cela rachète tout !...

GASTON

A mon tour, me permettrez-vous de vous demander...

EDMÉE

Mon caractère ?... Comment donc !... Je vous dois ma confession, moi aussi !... Je suis bonne... oh ! très bonne au fond... un peu nerveuse... très nerveuse, même !... Quelle est la femme qui ne l'est pas ?... On vit très facilement avec moi !... Naturellement, si l'on s'ingénie à me contrarier, à se mettre en opposition avec mes goûts, mes désirs, mes résolutions... je suis très vive... mais il n'est pas question de cela !... Je supporte, il est vrai, assez difficilement les supériorités... même celles imposées, dit-on, par la loi de nature..... Ah ! l'on n'est pas parfait ! J'aime les louanges... vous devez vous en être aperçu... Et puis... et puis... Oh ! superlativement jalouse !.. Oh ! jalouse !... Mais c'est un hommage que nous vous rendons, messieurs ! Avec tout cela, très douce, et très bonne au fond !...

GASTON

Cela rachète tout !

EDMÉE, riant.

Savez-vous, monsieur de Lussan, que vous faites un célibataire réellement attrayant...

GASTON, à part, furieux.

Hein ? Eh bien ! ma foi, tant pis ! (*Haut, se levant.* Et vous, madame, quelle adorable veuve !

EDMÉE, furieuse. A part, se levant.

L'impertinent !...

GASTON, la regardant, à part.

Oh ! oh !... quel regard !... Tiens ! tiens !...

EDMÉE

L'état charmant que celui de garçon !... Quoi de plus beau, de plus enviable ? Le monde est à vous... nulle chaîne... Vous pouvez voler à pleines ailes partout où vous pousse votre fantaisie !... Tout vous est facile... Vous n'avez aucune des responsabilités de la vie...

GASTON

Sauf les contributions...

EDMÉE

Allons ! avouez que vous n'avez qu'un désir bien modéré de perdre tout cela ! Vous menez votre barque bien trop joyeusement pour aller, de gaîté de cœur, l'échouer dans le mariage.

GASTON

Madame...

EDMÉE

Monsieur de Lussan... nous nous sommes déjà fait beaucoup de confidences... c'est charmant !... Une de plus, voulez-vous ?

GASTON

Interrogez, madame !... Je me livrerai avec le plus entier abandon !

EDMÉE

C'est que... c'est... bien indiscret... et bien grave !...

GASTON

Oh !... au point où nous en sommes !... (*Mouvement d'Edmée. A part.*) Allons, encore une sottise !

EDMÉE

Eh bien... oui... puisque nous en sommes, paraît-il, à un point où tout peut s'entendre... Monsieur de Lussan, avez-vous beaucoup aimé ?

GASTON

Vous savez bien que je n'ai jamais été marié !...

EDMÉE

Vous ne manquez pas d'aplomb !... Je m'imagine que vous avez dû jeter votre cœur à tous les vents !...

GASTON

En quoi vous vous trompez beaucoup !

EDMÉE

Jamais une grande passion ?

GASTON

Curieuse !... Eh bien, si... une !...

EDMÉE

Oh ! racontez-moi cela !... Je ne vous demande pas de nom !...

GASTON

Je serais bien embarrassé de vous en dire un !...

EDMÉE

Comment !... Une passion anonyme ?...

GASTON

Mon Dieu, oui ! Un rêve, une vision !... (*Edmée rit.*)
Je me tais : je suis parfaitement ridicule et vous riez
déjà de moi !...

EDMÉE

Vous m'intéressez beaucoup, au contraire !...

GASTON

Que voulez-vous que je vous dise ?... C'est un souvenir si lointain et si innocent !... Une enfant... comme
moi... qui m'est apparue un jour, et dont l'image est
restée là comme si le soleil l'y avait fixée : c'est mon
premier battement de cœur, mon premier épanouisse-
ment, mon premier... et mon plus grand bonheur !...
C'est une histoire de l'autre monde, n'est-ce pas ?...
Je ne suis guère romanesque, je vis depuis pas mal
d'années en plein tourbillon parisien... Garder obstinément dans le meilleur coin de son cœur le souvenir
vivace d'une vision fugitive, c'est, peut-être, un joli
sujet de romance ; à coup sûr cela ne porte pas le
millésime de 1879. Eh bien ! c'est comme cela... La
petite fleur bleue de l'idéal... c'est drôle, n'est-ce pas ?...
je la porte en moi... depuis dix ans !... Et je crois bien
que c'est cette douce image qui s'est toujours dressée
devant moi au moment où j'allais faire une folie et qui
m'a empêché de jeter mon cœur à tous les vents, quoi
que vous en disiez !...

EDMÉE, pensive.

Ah !... (*Moment de silence.*) Elle est très jolie, votre
histoire ! Ne vous mariez jamais, monsieur de Lussan !...

5.

(*Mouvement de Gaston.*) Ou épousez la petite fleur
bleue !...

GASTON, avec enthousiasme.

Ah ! si je pouvais !...

(*Moment de silence. Edmée semble très agitée.*)

EDMÉE

Qu'en faisiez-vous, de votre petite fleur bleue, pendant votre année de marivaudage auprès de moi ?

SCÈNE NEUVIÈME

Les mêmes, JULIE, puis LAURE.

JULIE, entrant par le fond.

Madame, la femme de chambre de mademoiselle
d'Amezac demande si mademoiselle est disposée à
partir.

EDMÉE, passant à gauche.

Mademoiselle Laure est dans ma chambre ; préve-
nez-la.

(*Julie entre à gauche, Gaston va prendre son chapeau
sur le guéridon.*)

EDMÉE

Déjà ?...

GASTON

Vous êtes trop indulgente, madame !... Me pardonne-
rez-vous de vous avoir importunée si longtemps ?...

(*Edmée le regarde d'un air étonné et donne des signes
d'impatience.*)

EDMEE, très sèchement.

Je vous rends votre liberté, monsieur... (*Appuyant.*)
toute votre liberté !...

GASTON, à part.

Congé en bonne forme ! (*Haut.*) Me sera-t-il permis,
madame, de venir de temps à autre faire auprès de vous
provision d'esprit?...

EDMÉE

Vos souvenirs doivent vous tenir si occupé !...

LAURE, entrant à gauche.

Chère petite tante, je suis obligée de te quitter.

GASTON, à part, premier plan à droite.

Voilà comme je mène une négociation, moi !... C'est
assurément ridicule... Et dire que j'ai dû entrer dans
la diplomatie !... Pauvre France !...

LAURE

L'heure passe vite chez toi !

GASTON

J'en sais quelque chose, mademoiselle ! (*Saluant.*) A
l'honneur de vous revoir, madame.

EDMÉE, insistant sur le mot « adieu ».

Adieu, monsieur !

GASTON, saluant Laure.

Mademoiselle !...

LAURE

Monsieur de Lussan, est-ce que vous allez au ministère de la Guerre?

GASTON, riant.

Précisément, mademoiselle! (*Il sort.*)

SCÈNE DIXIÈME

EDMÉE, LAURE

LAURE, revenant en sautant et se frappant les mains.

Il est charmant!... Oh! le bon petit oncle que je vais avoir là !... A quand la noce?

EDMÉE, nerveuse.

Qu'est-ce qui peut te faire supposer qu'il ait jamais été question de cela?

LAURE

Mais...

EDMÉE, passant à droite.

Ton petit cerveau bâtit des romans un peu trop vite, mon enfant!... Il faut te défier de ton imagination.

LAURE

Pardon, ma tante, n'était-il pas convenu que monsieur de Lussan venait demander ta main?

EDMÉE

Eh bien ?... suffit-il que monsieur de Lussan sollicite

ma main pour que je m'empresse de condescendre à son désir ?... La façon dont nous nous sommes quittés te fait-elle augurer un mariage à courte échéance ?...

LAURE

Oh! tu l'as maltraité !. . Un homme si charmant !

EDMÉE

Charmant ! charmant !... Si tu le trouves si charmant, épouse-le!

LAURE

Oh! ma tante !

EDMÉE

Monsieur de Lussan est un fat, et un impertinent... Son cœur est un album de photographies... clandestines... (*Se levant.*) Je l'ai congédié et j'espère bien qu'il n'aura plus l'audace de se présenter devant moi!... Oh! mon Dieu! pourquoi tant de fleurs ?... (*Marchant fiévreusement de droite à gauche.*) Toute cette parfumerie m'écœure! (*Retournant au guéridon.*) Julie, enlevez-moi toutes ces herbes. Vous voulez donc m'asphyxier ?...

JULIE

Madame m'avait recommandé...

EDMÉE

Emportez ! emportez !

JULIE, à part.

Madame a ses vapeurs... L'araignée tisse !...

EDMÉE

Eh bien?...

JULIE

J'emporte, madame, j'emporte!... (*A part.*) Ce n'est
pas malin d'avoir des vapeurs!... Je pourrais bien en
avoir, moi aussi, tout comme une autre... Quand j'aurai
un salon, on verra bien! (*Elle prend un vase et l'emporte dans la chambre de droite.*)

(*Laure prend le bouquet de Gaston et le cache derrière
elle.*)

LAURE, quand Julie est partie.

Pas celui-là, n'est-ce pas?...

EDMÉE

Pourquoi?... Celui-ci?... Quoi?... Lilas blanc et violettes de Parme! Mais celui-ci particulièrement, celui-ci
tout le premier. Oh! l'horrible bouquet!... (*Elle le prend
avec rage, va ouvrir la fenêtre et le jette dans la rue.*)

LAURE

Oh!...

EDMÉE

J'ai besoin d'air... je vais me promener!...

LAURE

Où?

EDMÉE

En Italie!... (*A Julie qui rentre de droite.*) Faites-moi
tout de suite deux ou trois malles pour un voyage!... Le
coupé dans une heure!...

JULIE

Madame voyage seule?...

EDMÉE

Évidemment!... Quelle question!

JULIE, sortant, à part.

Ah? Elle a congédié le monsieur?... Nous revenons au cloître? Ah! bien non! pas pour le même prix. (*Elle sort par le fond.*)

EDMÉE, embrassant Laure.

Adieu, mignonne!

LAURE

Adieu, ma tante!...

EDMÉE

Dis à ta mère que je m'absente pour deux ou trois mois! Adieu! (*Elle rentre chez elle.*)

LAURE

Qu'est-ce que tout cela veut dire? Pourquoi ce dépit? Qu'a pu lui dire monsieur de Lussan, pour la mettre en colère ainsi?...

JULIE, entr'ouvrant la porte du fond.

Voici ce monsieur qui revient, mademoiselle!...

LAURE

Monsieur de Lussan?...

JULIE, du fond, à part.

A la bonne heure!... C'est un homme!... Il a l'air de ne pas vouloir partir comme ça, celui-là!

LAURE

Eh bien! il sait arriver, lui!... Mais, mais, cela devient

palpitant!... Ah! tant pis! je ne quitte pas l'hôtel sans savoir ce qui va se passer!

SCÈNE ONZIÈME

GASTON, LAURE.

GASTON, entrant. Il a le bouquet à la main.

Pardon, madame!... Ah! mademoiselle d'Amezac...

LAURE, éclatant de rire, à droite.

Ah!... avec le bouquet!

GASTON, d'un air piteux.

Je l'ai reçu sur la tête, mademoiselle, et je le rapporte!...

LAURE

C'est un trait de génie! Ma tante est furieuse!

GASTON

Je ne sais en quoi j'ai eu le malheur de lui déplaire... Elle m'a fort maltraité!...

LAURE

Vous lui avez probablement causé un chagrin... Elle part ce soir même...

GASTON

Elle part?...

LAURE

Pour l'Italie!... (*Elle passe à gauche.*) Réparez, monsieur, réparez! (*Riant.*) Je vais la prévenir. (*Elle sort.*)

SCÈNE DOUZIÈME

GASTON, seul.

Elle est furieuse! Eh bien, moi aussi, je suis furieux! On n'est pas plus sot, plus inconvenant que je l'ai été!... Elle n'est pas encourageante, évidemment... Mais enfin, il faudrait savoir son métier d'amoureux et n'avoir pas besoin d'aide pour dire convenablement : je vous aime!... C'est qu'elle m'a signifié mon congé d'une façon tellement hautaine que je ne sais vraiment si je puis... Bah!... sa grande fureur n'est peut-être pas d'un si mauvais augure!... Elle!...

SCÈNE TREIZIÈME

EDMÉE, GASTON.

EDMÉE, entrant de gauche, avec un geste d'étonnement et un peu d'émotion.

Ah! monsieur de Lussan?... (*Reprenant un ton froid.*) Je croyais, monsieur, que nous nous étions dit adieu?...

GASTON, embarrassé.

Mais... madame... c'est l'usage lorsqu'on... se quitte...

(*Regard étonné d'Edmée.*) (*A part.*) Aïe! encore un mot
maladroit!

EDMÉE, appuyant sur le mot : « quitte ».

Lorsqu'on se quitte, monsieur, il est de bon goût de
s'éviter à l'avenir!...

GASTON

Veuillez me pardonner mon indiscrétion, madame, en
faveur de mon intention!... J'ai reçu ce bouquet sur la
tête, et je vous le rapportais!

EDMÉE

Comment?... Ce bouquet?...

GASTON

Oui, madame!... (*Montrant une place sur sa tête.*) Ici,
tenez! Il doit y avoir une bosse... Voilà ce que c'est que
d'avoir son chapeau à la main!... J'ai l'honneur de vous
saluer, madame!... (*Fausse sortie.*)

EDMÉE, saluant.

Monsieur!... (*Le rappelant lorsqu'il est sur la porte.*)
Monsieur de Lussan!

GASTON, revenant avec empressement.

Madame?...

EDMÉE

Il est bien juste, ayant commis la maladresse, que je
vous en fasse mes excuses!... C'est moi, en effet, qui ai
jeté ces fleurs par la fenêtre!...

GASTON

C'est bien pour cela que j'ai été blessé! (*Saluant.*)
Madame! (*Fausse sortie.*)

EDMÉE

Monsieur de Lussan!... (*Gaston revient vite.*) (*Doucement.*) Si vous êtes blessé, vous avez besoin de soins!...

GASTON

Oh! de beaucoup de soins, madame, pour me guérir
de la très douloureuse atteinte que j'ai reçue!

EDMÉE, riant.

A la tête?... Oh! les blessures à la tête ne sont pas
dangereuses!

GASTON, mettant la main sur son cœur.

Mais... c'est ici, la blessure!...

EDMÉE, riant.

Ah?... Alors votre chapeau ne vous eût pas préservé!
(*Elle s'assied sur le tête-à-tête et indique le fauteuil à
Gaston.*) Asseyez-vous donc, je vous prie! (*Sérieuse.*)
J'ai jeté ce bouquet par la fenêtre, dans un mouvement
de colère que je regrette, parce que j'ai trouvé un peu
bien... comment dirai-je?... impert... (*Mouvement de
Gaston.*) irréfléchi... que, venant me faire la cour et
demander ma main, vous me parliez, avec un véritable
élan d'enthousiasme et de lyrisme, d'une passion qui
occupe tout entier le cœur que vous m'offriez.

GASTON, à part.

Elle y revient! C'est me tendre la perche!... (*Haut.*)

Oh! madame, avez-vous pu attacher de l'importance à un enfantillage?... Une vision... un rêve... quelque chose d'immatériel, de presque sacré!...

EDMÉE

Ah! vous avez la conscience facile, messieurs... et le cœur large! Qu'importe à l'épouse, n'est-ce pas? un tout petit coin du cœur que vous ne lui donnez pas, et que vous réservez pour les relations extérieures?... Que lui importe que vous y conserviez, bien blotti, bien caché, quelque vivace amour d'autrefois?... La place est encore vaste pour elle et vous croyez qu'elle ne s'apercevra pas de ce voisinage discret. Ah! vous vous trompez!... Elle le devinera!... Elle sentira l'ennemi, là!... d'autant plus dangereux qu'il s'est embelli de la magie du lointain et des charmes du souvenir!... Ah! les souvenirs!... allez donc lutter contre eux!... Etreint-on le rêve?... Saisit-on des ombres?... Eh bien! mettez une pauvre femme aimante, qui donne toute son âme, aux prises avec cette douleur de ne pouvoir jamais posséder tout entier le cœur de son mari, suivant dans ses yeux, avec la divination de l'amante, la pensée fugitive qui va caresser le fantôme du passé, y a-t-il pire souffrance?... (*Elle se lève ainsi que Gaston.*) Non, non, à cœur entier qui se donne, cœur entier en échange!... Gardez votre souvenir, monsieur de Lussan, brûlez toujours le même encens sur le même autel... et restez garçon!... Restez garçon: c'est la vie facile, irresponsable, fêtée, heureuse... Et, au moins, vous n'aurez pas à vous reprocher le malheur (*Très émue.*) de quelque pauvre âme dévouée, faite d'amour infini, qui ne posséderait de vous que ce que la petite fleur bleue en laisserait! (*Elle essuie une larme.*)

GASTON, à part.

Une larme!... (*Haut.*) Ah! madame, que vous êtes belle ainsi!... Je vous admire tant que c'est à peine si je vous entends!... Votre voix m'arrive comme une musique vague et délicieuse!... (*Après un moment de silence.*) Ah! pourquoi la raison m'ordonne-t-elle de me soustraire à cette séduction?... Tout ce que vous avez dit, on croirait vraiment que c'est un écho de moi-même et que mon cœur vous le dictait!... A cœur entier qui se donne, cœur entier en échange! Ah! oui, oui, vous avez raison!... Et c'est bien pourquoi j'hésite!...

EDMÉE

Comment?...

GASTON

Je vous ai dit tous mes secrets, moi!... Vous, vous ne m'avez pas confié les vôtres!...

EDMÉE

Mes secrets?... Que voulez-vous dire?...

GASTON

Il est vrai qu'il était inutile de me les confier... parce que je les sais tous!... Oui, madame, tous!...

EDMÉE

Voyons, monsieur de Lussan, est-ce une énigme?

GASTON

Vous allez en juger... Il y a dix ans, madame, au

mois de mai, dans une église... (*Mouvement d'Edmée.*)
Vous écoutez, n'est-ce pas?... dans une église, deux pen-
sions, l'une de garçons, l'autre de jeunes filles, étaient
réunies le soir pour l'office. On chantait des cantiques.
D'un côté à l'autre des deux groupes, malgré la solen-
nité de la prière, des regards furtifs se cherchaient, s'appelaient... (*Regard d'Edmée.*) Je n'explique ni n'excuse...
je raconte!... C'était un échange d'aspirations, de rêves,
d'adorations!... Un jeune homme, un enfant, seize ans
à peine, avait vu un de ces regards répondre aux siens
et s'arrêter sur lui!... Les vapeurs de l'encens l'enivraient,
les sons de l'orgue le jetaient dans l'extase, et, dans la
pénombre, ce regard fulgurant que rencontraient ses
yeux l'embrasait tout entier!... Cela dura un mois. Ils
n'avaient jamais trouvé l'occasion de se parler; c'eût été
inutile, ils savaient tout ce qu'ils eussent pu se dire...
Ils savaient que leurs âmes étaient unies par un contrat
mystérieux et divin et que nul serment prononcé par
les lèvres n'était nécessaire pour sceller cette union!...
Cependant, le dernier jour, à la sortie, les enfants se
rencontrèrent... Ils se serrèrent la main. Ce fut tout...
Dieu seul les vit, et put sonder ces deux cœurs dans
lesquels il avait mis l'amour!... Alors, dans son livre de
prières, la jeune fille prit une image de sainteté, y traça
son nom au crayon, et la remit au jeune homme, comme
pour lui dire : « Présentez-moi cela, quand vous voudrez
me rappeler mon serment!... » Puis la vie les sépara, et
le jeune homme ne rappela pas le serment!... Ils ne se
connaissaient pas... ils ne s'étaient pas demandé leur
nom... un nom de baptême sur une image! Ils ne se
revirent plus... (*Pendant tout ce récit, Edmée est violem-
ment émue.*) Mais un pareil souvenir creuse profondément

son sillon dans un cœur... Qui pourrait effacer cette vision divine ?

EDMÉE

Mon Dieu !...

GASTON

Savez-vous de quel nom était signée l'image, madame ?

EDMÉE, suppliant.

Oui... oui ! ne le répétez pas !...

GASTON

Y avez-vous songé quelquefois, madame, à ces premiers effluves d'amour, à ce premier serment, à ce premier bonheur ?...

EDMÉE, rêveuse.

Oui, oui !...

GASTON

Vous voyez bien !...

EDMÉE, vivement.

Mais, monsieur, j'ai chassé ce souvenir le jour où je suis devenue madame de Laurianne...

GASTON

Vous peut-être... mais l'autre ?... Car enfin, on ne vous a pas rendu l'image... Un jour, on vous la présentera... Pensez-vous que je pusse permettre, si vous étiez ma femme, qu'un homme possédât un souvenir signé : Edmée ?...

EDMÉE

Eh quoi ! vous me faites un crime de ce rêve, de ce pauvre poëme d'un jour...

GASTON

Vous m'en faites bien un, à moi, de ma petite fleur bleue !...

EDMÉE

Vous êtes donc jaloux ?

GASTON

Si je suis jaloux !... Mais je vous désirerais si entière, que j'en voudrais à la rose qui effleure vos lèvres, au vent qui passe dans votre chevelure, à l'étoffe qui embrasse votre corps, au voile qui me cacherait vos yeux ! Si je suis jaloux... Mais demandez donc si je vous aime !...

EDMÉE, énamourée, lui mettant la main sur la bouche.

Taisez-vous ! Taisez-vous ! A quoi bon tout cela, puisqu'il y a un obstacle ?

GASTON

L'image ?

EDMÉE

La petite fleur bleue !

GASTON, avec élan.

La petite fleur bleue ?... Elle m'est rendue !... L'image ? je l'ai retrouvée ! Non, je l'ai conservée comme le plus

précieux des trésors, comme le plus saint des souvenirs.

EDMÉE

Comment ?

GASTON, tirant une image de son portefeuille.

Souvenez-vous, Edmée!

EDMÉE

Ah !

GASTON, à ses genoux.

Oui, mon premier et mon seul amour, oui, mon adorée,
l'enfant qui échangea avec vous ces premiers ser-
ments.

EDMÉE

Vous ? Vous ?

GASTON, à genoux.

Voulez-vous vous souvenir qu'un jour vous m'avez
aimé ? Voulez-vous être mon âme, ma vie ?... Je vous
aime ! Je vous aime !... Soyez ma compagne, soyez ma
force, ma richesse, mon Dieu !... Edmée, je vous en
conjure, souvenez-vous du beau rêve d'autrefois!

EDMÉE, le relevant et lui tendant la main qu'il baise.

Mon Dieu, vous m'aimez donc, vous aussi, que vous
me donnez tant de bonheur!...

SCÈNE QUATORZIÈME

LES MÊMES, JULIE, LAURE.

JULIÉ, entrant.

Madame, le coupé attend madame !

EDMÉE

C'est bien ! faites dételer !

JULIE, à part.

Girouette !.. (*Laure paraît à la porte.*)

LAURE, entr'ouvrant la porte de gauche.

Petite tante, où vas-tu d'abord ?.. A Gênes ou à
Naples ?

GASTON

L'itinéraire est changé.

LAURE, riant.

Je m'en doute bien ! (*Arrivant en scène.*) J'ai entendu...
Oh ! mais, sans écouter !

GASTON

Et, si madame le permet, nous ferons tout d'abord un
petit voyage... oh ! pas long !.. rue Tronchet...

LAURE, vivement.

Chez le notaire ?

GASTON

C'est cela même.

EDMÉE, embrassant Laure.

Ah ! chère petite, que je suis heureuse !

LAURE, avec un soupir.

Ah... je te crois !

GASTON

Mais, mademoiselle, ne voudriez-vous pas nous tenir compagnie ? Excellente occasion de faire préparer deux contrats au lieu d'un. (*Mouvement de Laure.*) Ah ! c'est que j'ai oublié de vous dire... j'étais si préoccupé !... que j'avais porté à madame votre mère le brevet de capitaine de monsieur Philippe d'Albret...

LAURE, sautant de joie.

Oh ! monsieur ! (*Se jetant dans les bras d'Edmée.*) Petite tante, nous nous marierons le même jour.

EDMÉE, riant.

Et je commencerai... pour te donner du courage !...

JULIE, à part.

Plus de cloître !... Eh bien, ce n'est pas trop tôt.

Fin.

L'ARTICLE II

Monologue

Dit par Mlle DELAPORTE

MADAME DE C***. . .   Mlle Delaporte.

L'ARTICLE II

*Boudoir très élégant. — Madame de C*** assise sur un canapé, une petite table devant elle.*

(*Lisant.*) Article deux : « Les femmes mariées n'ont pas le droit de voter. » (*Parlé.*) Ceci est de toute justice, quoi qu'en dise madame de Blainville ; — on ne peut pas tout avoir — et j'ai développé mes sentiments là-dessus dans une petite improvisation dont l'effet a été surprenant. Ah ! nous n'avons pas beaucoup d'orateurs à notre Club... aussi me vois-je bien souvent forcée de sortir de mon rôle de secrétaire pour prendre une part active aux débats...

Nous tenons séance tous les jeudis, régulièrement, depuis le commencement de l'hiver... C'est charmant, ces réunions ! Elles ont été fondées dans le but d'élucider ce grand problème de l'émancipation des femmes, et j'ose dire que nous sommes arrivées à des conclusions où la logique la plus rigoureuse s'allie à un esprit vraiment pratique. (*Elle se lève.*) Oh ! mon Dieu ! nous ne demandons pas la lune !... nous demandons tout simplement l'égalité des droits civils et politiques des deux moitiés du genre humain. Qu'y a-t-il là de si exorbitant, je vous le demande ? Sommes-nous moins intelligentes que les hommes ? (*Avec force.*) non ! — moins aptes à soutenir une longue conversation ? non ! — moins calmes dans les discussions ? (*Avec une légère hésitation.*) non ! — moins brillantes sous le rapport du style et de l'invention littéraire ?... ça, peut-être... par exemple ! et madame de Sévigné ? et George Sand ? non, non ! (*Pressant le débit.*) — moins patientes ? non ! — moins discrètes ? non ! — moins jolies ? non !... ah ! ce n'est pas cela que je voulais dire, je me suis laissé emporter... mais enfin, puisqu'il est prouvé, surabondamment prouvé (*Elle se rassied.*) que nous ne leur sommes inférieures en aucune façon, pourquoi ne pas réclamer notre part d'action dans le monde, et leur arracher quelques-uns des priviléges dont ils se sont attribué tout le monopole ?

Sur ce point, nous étions toutes d'accord, et la rédaction de l'article premier a marché sans difficulté, mais quand il a fallu passer à l'article deux, ç'a été une autre affaire. Songez donc ! nous ne sommes que trois veuves — en me comptant — contre huit dames, dont les maris se portent fort bien, et elles ne voulaient pas entendre parler de leur exclusion du vote.

Jeudi dernier, la bataille s'est engagée sur la forme définitive de l'article deux. — Nous n'avions pas encore eu de séance aussi chaude : — avec cela que notre présidente, madame de Livry, est d'une mollesse déplorable : elle ne sait point réprimer les interruptions, encore moins faire respecter les droits de la tribune... J'avais donc terminé la lecture du procès-verbal, et j'indiquais, en quelques mots, le sujet que nous allions aborder, lorsque madame de Blainville se leva, et, me coupant la parole : — Expliquez-vous, me dit-elle, et laissez de côté vos équivoques !

Entre nous, je sais parfaitement où elle voulait en

venir, et la rédaction de l'article deux n'avait rien à voir dans cette inqualifiable agression... Il y a quinze jours, au bal de l'ambassade, j'avais une toilette délicieuse : jupe mauve lamée d'argent, corsage carré, et, quant à la coiffure... une idylle ! Madame de Blainville arriva fort tard, très rouge, et fagotée... comme on ne l'est pas. Je crois qu'elle avait conscience de son ridicule, car en passant près de moi, elle me dit, d'un ton assez impertinent :

— Il paraît que vous accaparez tous ces messieurs !

— Que voulez-vous, chère belle ? répondis-je, c'est le désœuvrement... ils n'avaient rien de mieux à faire en vous attendant.

Elle est devenue encore plus rouge, et m'a jeté un regard... auquel j'ai répondu par le plus gracieux de mes sourires.

Depuis ce moment, elle brûlait de se venger. Elle saisit l'occasion de notre dernière séance, et grâce à la faiblesse de madame de Livry, elle me lança — contre tous les usages parlementaires — sa violente interruption.

Je gardai tout mon sang-froid.

— Je n'use jamais des équivoques, madame, lui répondis-je ; en revanche, nous savons fort bien qui a l'habitude ici d'égarer les questions, et de provoquer les querelles à plaisir.

Madame de Blainville, désappointée, sans doute, par tant de modération, s'élança vers moi avec fureur :

— Madame, vous me rendrez raison de vos calomnies !

— Et vous, madame, de vos impertinences !...

Ah ! c'est que la colère commençait à me gagner aussi, et la sonnette que madame de Livry agitait — pour la première fois — à tour de bras, me donnait sur les nerfs... Elle sait trouver de l'énergie, notre présidente, lorsqu'il s'agit d'étouffer les discussions au profit de madame de Blainville.

Ces dames s'interposèrent ; on nous apaisa. Quelques biscuits trempés dans du vin d'Espagne achevèrent la réconciliation ; la séance reprit son cours régulier, et je pus donner enfin lecture de l'article, tel qu'il avait été adopté par la commission.

— Veuillez m'expliquer, dit madame de Blainville qui, décidément, s'était faite le champion de l'opposition, veuillez m'expliquer pourquoi vous refusez de parti pris aux femmes mariées le droit de voter ?

— Il me semble, répondit en rougissant la petite Louise de Tergny — une nouvelle mariée de six semaines — il me semble que l'exercice de ce droit serait incompatible avec la juste autorité qu'un mari a sur sa femme.

— Parlez pour vous, reprit avec aigreur madame de Blainville ; mon mari n'a point d'autorité sur moi, je vous prie de le croire.

Un murmure approbateur accueillit ces dernières paroles... Si l'on était allé immédiatement aux voix, le rejet de l'article était certain.

— Mesdames, dis-je, permettez-moi de ramener le débat sur son vrai terrain, et laissez-moi vous dire que vous faites abstraction, en ce moment, du motif qui a le plus fortement pesé sur la décision de votre commission. Il est d'une nature délicate... Comment vous expliquer ? Ah ! mesdames! avez-vous jamais songé à tout ce que veut dire ce mot de veuve ? avez-vous jamais songé à la mélancolie de ce foyer vide, à la douleur de cette existence brisée ?... N'est-il pas équitable de donner à de pauvres âmes solitaires — je ne parle des vieilles filles que pour mémoire... nous n'en avons point parmi nous — un aliment et une consolation en les intéressant?...

— Si c'est une compensation, dites-le tout de suite, interrompit encore madame de Blainville.

Nous fîmes toutes un petit « oh! »... On ne souligne pas les choses ainsi : c'est du dernier mauvais goût. Les conclusions de la commission reprenaient l'avantage; c'est alors que je prononçai le discours qui me valut un triomphe des plus flatteurs, et l'article fut voté... à une voix de majorité.

Les autres iront tout seuls ; ensuite nous ferons passer notre projet de loi à la Chambre, par voie de pétition, et c'est là que je compte sur monsieur Gaston Le Monnier... S'il consentait seulement à en être le rapporteur! Il est bien posé, influent... oui, mais ai-je bien raison de compter sur lui? D'abord, en ce moment, nous sommes brouillés. (*Elle rit.*) Oh! ça ne durera pas longtemps... Hier soir, il était venu me rendre visite ; il était venu également la veille, et... je crois, les jours précédents. Il a toujours mille prétextes : une quête, une loge, un concert, une loterie... Il a l'esprit très inventif.

Je n'avais pas eu l'air de m'apercevoir de la fréquence de ses visites, car il était nécessaire de le persuader de l'utilité de nos travaux, et c'était, à peu près, l'unique sujet de notre conversation... mais voilà qu'hier, tandis que je lui développais un argument irréfutable, il me dit:

— Que parlez-vous de priviléges ?... N'avez-vous pas sur nous le plus grand de tous les avantages ?

— Lequel donc ? demandai-je.

— Mais, madame, celui de nous voir à vos pieds.

En effet, il est bien évident que les hommes ne sauraient prétendre... mais ils en ont tant d'autres !... Et puis, pour joindre la pratique à la théorie, sans doute, il s'agenouille là, sur cette fleur du tapis... s'empare de ma main qui errait sur ce coussin, et y dépose un baiser... Mon Dieu ! je le voyais bien venir depuis quelque temps, et j'aurais dû lui interdire ma porte ; mais, outre qu'on n'est jamais bien sûre de ces dénouements-là, nous avions besoin de lui, et je me devais à la cause commune !

Je ne saurais répéter ce qu'il me dit encore ; les mots ne m'en sont pas restés dans la mémoire... mais c'étaient des choses si douces, qu'elles semblaient entrer dans mon cœur sans passer par mes oreilles. Il me faisait un tableau enchanteur de la vie que nous ménerions ensemble, et, pendant qu'il parlait, je pensais : « Il a raison... être aimée ainsi, et se l'entendre dire, cela vaut bien le droit de vote. »

Mais je chassai aussitôt ces molles idées. « Comment ! me dis-je, il y a trois mois que je tolère des visites... compromettantes, oubliant tout, devant le grand résultat que nous poursuivons... il y a trois mois que j'essaie, sans aucun succès, de le gagner à mes opinions, et lui, en cinq minutes, m'amènerait à partager les siennes !... Non , non ! » Je retirai brusquement ma main, et, en quelques mots un peu secs, je le congédiai.

Il se leva assez pâle, me salua respectueusement, et sortit, sans se retourner... S'il était revenu sur ses pas, peut-être aurais-je tempéré la rigueur de mon refus.

Je comptais sur une lettre ce matin... Rien. Il paraît qu'il est fier... Cela ne me déplaît pas. D'ailleurs, s'il ne ne veut pas revenir, je me passerai fort bien de sa présence !... Seulement je croyais qu'il m'écrirait. Ce n'est pas cela qui peut me tourmenter, certes... eh bien ! je me sens agitée, nerveuse, et pour me calmer, je me suis plongée dans l'élucubration de nos glorieux projets ! Il faut maintenant que je termine le compte rendu de la séance... Où en étais-je restée?... ah ! article deux : « Les femmes... (*On frappe à la porte.*) Je ne ferai rien aujourd'hui ! (*Un domestique paraît, présente une lettre sur un plateau et se retire. — Elle ouvre la lettre et dit avec joie.*) C'est de lui, j'en étais sûre ! (*Lisant.*) « Madame, je ne viens pas renouveler des prières qui ont eu le malheur de vous offenser... Vous êtes libre de votre cœur, et j'étais fou d'avoir rêvé qu'il pourrait un jour m'appartenir. Mais je sens que vous revoir maintenant, comme vous l'avez été hier, froide et impitoyable, serait au-dessus de mes forces... Je quitte Paris ce soir, et demain je serai hors de France... (*Elle continue d'une voie émue.*)... Et comme mon absence sera longue, je vais envoyer ma démission de député. » (*Elle se lève vivement.*) Sa démission de député ! et notre projet de loi !... (*Un temps.*)... il n'y a pas à hésiter, sacrifions-nous ! (*Elle se rassied et prend une feuille de papier.*) C'est que c'est très embarrassant à écrire, ces choses-là !... (*Elle réfléchit.*) Bah ! un mot suffira. (*Écrivant.*) « Restez ! » (*Fermant sa lettre.*) Il comprendra... Ah ! j'oubliais... (*Écrivant.*) « Et ne donnez pas votre démission ! » (*Refermant sa lettre.*) « Important. » (*Elle sonne au timbre placé sur la table.*) Maintenant, l'enveloppe. (*Le même domestique reparaît.*) Cette lettre à son adresse... et courez sans perdre une seconde ! (*Le domestique se retire.*) — (*La tête dans ses mains.*) Allons! c'est fini !... Au reste, je puis bien me l'avouer, j'ai fait aujourd'hui ce que j'aurais fait dans quinze jours ou dans un mois... car je n'aurais pas résisté beaucoup plus longtemps... Ah ! mais voyons ! mes affaires particulières ne doivent pas faire tort à mes devoirs de secrétaire ; c'est demain la séance, et je ne serai jamais en mesure... A l'ouvrage ! (*Elle se remet à copier.*) « Article deux... Les femmes mariées n'ont pas le droit de vo... » Qu'ai-je fait ? je n'y avais pas réfléchi !... je vais envoyer après Jean. (*Elle va pour sonner.*) C'est inutile, il est déjà loin... Au fait, à bien les examiner, il se pourrait que les idées de madame de Blainville — la forme en est défectueuse assurément — mais le fond en est assez exact... et par un amendement habile j'arriverais, sans en avoir l'air, et tout en laissant subsister l'article, à changer complètement sa signification... C'est à cela que servent les amendements... (*Résolument.*) Eh bien ! non ! on ne transige point avec ses principes ; et ma collaboration, pour être dépouillée désormais de tout intérêt personnel, n'en sera que plus ardente et plus efficace ! (*Elle se remet à écrire.*) « N'ont pas... le droit de vote... » Ah ! ma foi ! ces dames s'arrangeront comme elles voudront ! j'abandonne mes fonctions de secrétaire... c'est trop absorbant ! (*Elle jette sa plume et froisse son papier.*)... d'ailleurs il sera ici tout à l'heure.. Elle sort.)

Fin.

LE THÈME RUSSE

Comédie en un acte

Par Me Amélie VILLETARD

PERSONNAGES

ROBERT.
LUCIE.
JOSEPH.

LE THÈME RUSSE

Salon-fumoir d'un appartement de garçon. Porte à droite et à gauche dans les pans coupés. — Au fond, un piano avec de nombreux cahiers de musique. — Fenêtre à droite, 1er plan. — A gauche, 1er plan, cheminée avec pendule. — Devant la cheminée, grande table carrée, chargée de journaux, de livres, de papiers ; le tout en désordre. — Un plateau sur la table contenant tout ce qu'il faut pour prendre le café. — Petit meuble au second plan avec écritoire, et chargé, ainsi que le piano, de papiers en désordre. — A droite de la table, une chaise longue sur laquelle, au lever du rideau, est étendu Robert, fumant un cigare et finissant de prendre son café.

SCÈNE PREMIÈRE

ROBERT, JOSEPH, entrant de gauche.

JOSEPH

Monsieur va-t-il sortir ?

ROBERT, tiré de sa rêverie

Hein ?

JOSEPH

Je demande à monsieur si monsieur va sortir, afin de préparer la toilette de monsieur.

ROBERT, réfléchissant très sérieusement.

Si je vais sortir... ? Ma foi ! Joseph, je n'en sais rien.

JOSEPH, faisant un pas pour sortir à droite.

Si monsieur veut réfléchir, je viendrai tout à l'heure prendre les ordres de monsieur.

ROBERT

Mais non, mais non, Joseph. Quoique la question soit grave, je puis me décider séance tenante.

JOSEPH

Comme monsieur voudra.

ROBERT

Au fait, Joseph, pourquoi ne sortirais-je pas ?

JOSEPH

Si monsieur n'attend personne...

ROBERT

Personne, Joseph, absolument personne.

JOSEPH, après un très court silence.

Alors, monsieur sort ?

ROBERT, indifférent.

Oui !

JOSEPH

Monsieur mettra son pantalon gris ?

ROBERT, sans penser à ce qu'il dit.

Mon pant... Cela m'est égal.

JOSEPH, va pour sortir à gauche : il revient.

Sa cravate bleue ?

ROBERT, avec l'intonation de Joseph.

Ma cravate bleue.

JOSEPH, même jeu.

Son pardessus brun ?... Son chapeau ?...

ROBERT, agacé, l'interrompant.

Assez ! assez ! Laisse-moi tranquille ! Je ne sortirai pas. (*Il se lève et va à la fenêtre.*)

JOSEPH, redescendant en scène.

Monsieur a bien raison. Du reste, madame Peruchetti viendra peut-être voir monsieur dans la journée.

ROBERT

Non, Joseph, non. Madame Peruchetti n'est pas venue depuis huit jours et il est plus que probable qu'elle ne reviendra jamais. (*Il revient à la table prendre une allumette pour son cigare qui s'est éteint.*)

JOSEPH

Pas possible, monsieur ! Mais monsieur ne m'avait pas encore parlé de ça !

ROBERT, qui s'est remis sur le canapé et parcourt un journal sans le lire.

C'est vrai, Joseph, j'ai manqué de confiance. J'oublie toujours que tu es un valet de chambre classique et que, comme tel, je te dois le récit de tout ce qui m'intéresse.

JOSEPH

Monsieur est trop bon. Du reste, si monsieur veut me rendre justice, monsieur peut dire que depuis trois ans que je suis au service de monsieur...

ROBERT, posant le journal.

Je te rends justice, Joseph, je te rends toute la justice qui t'est due; mais, pour aujourd'hui, ton emploi de confident ne te fera pas découvrir un bien gros secret. Il y a eu hier huit jours, madame Peruchetti est venue déjeuner avec moi...

JOSEPH

Je demande pardon à monsieur si je me permets de reprendre monsieur. C'est il y a eu avant-hier huit jours. C'est le jour où monsieur a reçu du gibier de monsieur son oncle.

ROBERT

C'est possible; enfin, ce jour-là, après avoir déjeuné et montré une fois de plus les aspérités de son caractère, elle se mit au piano.

JOSEPH, d'un air connaisseur.

Elle a un si beau talent!

ROBERT

Premier prix du Conservatoire de Milan, Joseph!

Elle se mit donc au piano et joua, naturellement, son Thème russe. Joseph, j'ai été trompé plusieurs fois...

JOSEPH, tranquillement.

C'est que monsieur a connu plusieurs femmes.

ROBERT

Tu l'as dit. Mais combien je préférais ces nombreuses trahisons sans accompagnement à cette éternelle fidélité musicale ! Depuis six mois que cette Italienne blonde !... Une Italienne blonde ! c'est une anomalie : tu diras ce que tu voudras.

JOSEPH

Monsieur, je ne dis rien. Mais je crois que c'est de la teinture.

ROBERT

Tu m'ouvres les yeux... Je reprends. Depuis six mois qu'Amina Peruchetti consentait à embellir ma destinée, il ne s'était guère passé de jours sans que j'entendisse ce thème aussi russe que peu varié. A la campagne, au restaurant, chez elle, ici, partout enfin où le hasard mettait en présence un piano, elle et moi, Amina s'installait froidement devant sa boîte à musique et recommençait à m'infliger ce supplice russe, cent fois plus horrible que le knout et la Sibérie, puisque l'on n'en meurt pas. C'était cet air qui lui avait valu son premier prix et, par reconnaissance sans doute, elle semblait s'en être imprégnée des pieds à la tête. En marchant, elle se balançait dans le rythme du Thème russe ; en dormant, elle respirait dans le ton du Thème russe ; quand elle parlait, on eût dit qu'elle chantait encore cet abominable

Thème cosaque ! Et je le savais, j'avais fini par l'apprendre ; je m'abrutissais doucement dans cette mélodie : je le chantais ! je le chantais ! La, la, la. (*Il chante.*)

JOSEPH

Oh ! monsieur ! Je le sais aussi. La, la, la. (*Il chante.*)

ROBERT

Veux-tu te taire !

JOSEPH

Mais, monsieur, c'est très joli. (*Il continue l'air.*)

ROBERT

Si tu continues, je te chasse ! (*Joseph se tait.*) Qu'est-ce que je disais donc ? Ah ! Voici ! Le jour où elle vint déjeuner, je la priai sérieusement de jouer autre chose. Elle me répondit aigrement que sur un piano aussi faux que celui-ci, il était impossible d'avoir du talent, je dis je ne sais quoi, elle s'emporta, prit son chapeau et s'en alla, sans que je songeasse une minute à la retenir. J'espère qu'elle ne me pardonnera pas. C'est tout.

JOSEPH, avec reproche.

Et monsieur garde ainsi rancune d'un moment d'impatience qui...

ROBERT

Moi ? Je n'ai pas la moindre rancune. Je n'entends plus le Thème russe : je n'en demande pas davantage.

JOSEPH, toujours avec reproche.

Oh ! monsieur !

ROBERT

Tu es indigné, Joseph ? Ça ne m'étonne pas. Tout n'est pas rose, vois-tu, dans le métier de confident. Tiens ! emporte cela et laisse-moi ; je vais m'occuper un peu de mon grand travail sur les ambassades au Japon. Ah ! Joseph !

JOSEPH, qui a pris le plateau.

Monsieur ?

ROBERT

Si madame Peruchetti venait, tu lui dirais que je n'y suis pas.

JOSEPH

Bien, monsieur. (*A part, avec indignation.*) Une femme si distinguée ! Tout cela pour un Thème russe ! Oh ! (*Haut.*) Bien, monsieur. (*Il sort à droite.*)

SCÈNE DEUXIÈME

ROBERT, seul, regardant l'heure.

Midi et demi. J'ai déjeuné de bien bonne heure. La journée va être d'une longueur !... Enfin !... Je vais travailler. (*Il se lève et bâille.*) Je-vais-tra-vail-ler. Voyons ! Avant de commencer, il faut que je consulte le mémoire de... de chose... Où l'a-t-on mis ? (*Il cherche sur les meubles en bousculant les journaux et les papiers.*) C'est déplorable ! Il est impossible de se consacrer à un travail sérieux si l'on n'a pas toujours sous la main tous les documents... les do... Qu'est-ce donc que ce précieux rouleau ? (*Il prend un rouleau sur le piano.*) Thème russe ! J'aurais dû m'en douter ! Elle en avait apporté ici un exemplaire pour le cas où la mémoire lui aurait manqué. C'est trop fort ! Etre poursuivi par... (*Il le lance par la fenêtre dans un élan de colère.*) Tiens ! va chercher ailleurs un piano plus hospitalier ! Pourvu qu'on ne me le rapporte pas ! (*Il s'assied sur le canapé et fait une cigarette.*) Qui donc a dit : « L'amour naît de rien et meurt de ce qui l'a fait naître » ? Il a dit vrai, celui-là. Quand je vis Amina pour la première fois, elle jouait un Thème russe et cela me séduisit. L'amour : un petit monsieur bien menteur, ce qui est pire que voleur, disait ma grand'mère. Pour obliger ce petit drôle, on sacrifie les plus belles années de l'existence ; de seize à vingt ans, on s'enivre de poésie en courtisant des femmes de chambre ; de vingt à vingt-cinq, on cherche l'idéal et on se trompe, Dieu sait ! Puis, à trente ans, parfait ignorant des choses du cœur, on en est réduit à aimer des Italiennes blondes qui jouent des Thèmes russes et qui ne vous aiment pas ! Voilà l'amour ! Voilà la vie !

SCÈNE TROISIÈME

ROBERT, JOSEPH, entrant de droite.

JOSEPH

Monsieur, c'est une dame qui demande à voir monsieur.

ROBERT, passant vivement à droite et mettant de l'ordre dans sa toilette.

Une dame ?

JOSEPH

Oui, monsieur. Je crois même que c'est la dame dont le balcon touche au nôtre.

ROBERT

Fais entrer. (*Fausse sortie de Joseph.*)

JOSEPH, revenant.

Monsieur sait que c'est une dame très comme il faut?

ROBERT, revenant à droite en remontant un peu.

C'est bon, c'est bon.

JOSEPH

Je disais ça à monsieur dans le cas où monsieur aurait cru...

ROBERT

Ah ! ça ! Joseph !...

JOSEPH

Bien, Monsieur, bien. Monsieur est prévenu. Ça suffit. (*Allant à la porte de droite.*) Si Madame veut se donner la peine d'entrer... (*Il sort en la regardant et en répétant presque imperceptiblement.*) Très comme il faut ! Très comme il faut !

SCÈNE QUATRIÈME

ROBERT, LUCIE.

ROBERT, saluant.

Madame...

LUCIE, même jeu.

Monsieur...

ROBERT, la faisant passer au canapé.

Asseyez-vous, madame, je vous en prie.

LUCIE

Je vous demande pardon, monsieur, de me présenter ainsi sans être connue de vous et...

ROBERT, qui a pris une chaise près du canapé.

Au contraire, madame, c'est moi qui vous prie de m'excuser de...

LUCIE, le regardant.

De quoi, monsieur ?

ROBERT, un peu embarrassé.

Mais de... de ne pas vous connaître, madame. (*A part.*) Charmante, cette femme-là ! Joseph avait raison !

LUCIE

Vous n'avez pas à vous excuser, monsieur. Vous ne m'avez jamais vue, j'arrive chez vous à midi et demi, je vous trouble peut-être au milieu d'occupations...

ROBERT, vivement.

Non, madame, non, pas du tout ; j'ai cherché en vain ce matin à réunir les... les documents, je ne les ai pas trouvés et je vois que je ne pourrai travailler de toute une semaine, de tout un mois, peut-être.

LUCIE

Vous êtes poëte, monsieur ?

ROBERT

Non, madame. Voulant être avocat, j'ai commencé par être médecin.

LUCIE, riant.

Je ne comprends pas.

ROBERT

C'est bien simple. En exerçant la médecine, je créais moi-même les veuves et les orphelins que je comptais défendre plus tard. Malheureusement, pendant les deux années qui me furent nécessaires pour prendre mes inscriptions de droit, mes orphelins furent adoptés et mes veuves se remarièrent. Quand j'eus passé ma thèse, je me retrouvai sans clientèle. Cette fois, ne voulant point, après ces deux tristes épreuves, greffer une troisième profession sur le barreau et la médecine, je pris mon parti en brave et je choisis définitivement la carrière de l'oisiveté.

LUCIE

Monsieur, ce n'est ni au médecin, ni à l'avocat que j'ai affaire ; ma requête s'adresse à l'homme du monde et surtout à l'artiste.

ROBERT, à part.

Ah ! c'est pour la loterie de bienfaisance ! Je me disais aussi : Qu'est-ce que cette dame vient faire chez moi ?

LUCIE

Seulement, pour que vous compreniez bien ma démarche et que vous n'ayez pas de moi une mauvaise opinion, il faut que je vous raconte une histoire.

ROBERT, à part.

Je m'étais trompé ! Ce n'est pas une loterie ; c'est une quête (*Haut.*) Madame, je vous écoute et vous suis tout acquis.

LUCIE

Monsieur, je suis la fille d'un riche négociant que ses affaires appelaient souvent à Londres. De ses fréquents voyages, mon père rapporta un grand amour pour l'excentricité britannique et nous éleva, mes sœurs et moi, dans les mêmes idées. Il y a deux ans, mon père me fit prendre pour mari M. Jacques d'Herbannes qui donna, le jour même de notre mariage, la preuve d'une certaine excentricité de caractère : il se brûla la cervelle à l'issue du déjeuner.

ROBERT

Mes compliments !

LUCIE

Merci. Vous comprenez maintenant, monsieur, que je ne saurais tenir compte des préjugés bizarres qui régissent la société et, qu'à mes yeux, la visite que je vous fais en ce moment n'a rien d'anormal ni de déplacé.

ROBERT

Mais, madame, je suis absolument de votre avis. (*A part.*) Ce n'est pas une quête ! (*Haut.*) Et vous n'aviez nullement besoin, pour vous justifier, de cette jolie histoire que vous avez racontée, du reste, avec une originalité, un esprit...

LUCIE

Oh ! pas de compliments, n'est-ce pas ?

ROBERT

D'abord, ce n'est pas un compliment; et puis, au fait,
madame, pourquoi ne vous ferais-je pas de compliments ?

LUCIE

Pour plusieurs raisons, dont la première est que je
suis fort pressée et que j'ai encore beaucoup de choses
à vous dire, et puis parce que... (*Regardant l'heure.*)
Tenez! il est une heure cinq minutes; eh bien! si, en ce
moment, je vous permettais de me dire que j'ai de l'esprit, ce qui est vrai, à une heure vingt, vous me diriez
que je suis jolie, ce qui ne serait pas non plus un men-
songe; à une heure quarante, vous me presseriez tendrement la main, ce qui serait assez familier, et, à une
heure cinquante-cinq, vous me déclareriez votre flamme,
ce qui, alors, serait prodigieusement risible. Qu'en pensez-vous ?

ROBERT

Tout cela est possible.

LUCIE

Vous voyez! vous en convenez vous-même : n'en parlons plus. Restée veuve après deux heures de mariage,
je n'avais, vous devez le penser, d'autre désir que de
convoler... c'est l'expression dont on se sert... que de
convoler en d'autres noces. Ma famille parut souhaiter
que j'épousasse un de mes cousins ; cela m'évitait des

recherches ennuyeuses : je consentis. Ce garçon n'était ni plus laid, ni plus bête que les autres hommes ; il venait me faire sa cour avec régularité, et moi, ne sachant à quoi m'occuper, je me mis tranquillement à l'aimer.

ROBERT

Je ne le plains pas.

LUCIE

Vous dites ?

ROBERT

Je dis : je ne le plains pas, et, si j'avais été à sa place !...

LUCIE, désignant la pendule.

Assez ! Vous avancez... il n'est même pas une heure quarante. Mon cousin venait donc me parler tous les soirs de son amour entre sept et neuf heures.

ROBERT

A heure fixe ?

LUCIE

A heure fixe. Cela lui était plus commode à cause de la Bourse et de ses autres occupations. Or, tandis qu'il m'entretenait du cours de la rente et d'un attelage gris-pommelé qu'il comptait mettre dans ma corbeille, des sons mélodieux s'échappaient de votre appartement et mon cœur était délicieusement remué par un air étrange qui se faisait entendre presque tous les soirs. Ah ! la main qui faisait si savamment vibrer le clavier, la main qui savait donner à cet air tant d'expression et de charme, ce n'était pas la main de l'avocat ni celle du médecin, non !... Monsieur, c'était la main de l'artiste !.. La la la (*Elle chante.*)

ROBERT, suffoqué.

Mais, c'est le Thème russe !

LUCIE

C'est un Thème russe ? J'aurais dû m'en douter. Que vous le jouez bien, monsieur !

ROBERT, furieux.

Ce n'est pas moi qui le joue !

LUCIE

Ce n'est pas vous ? Et qui donc ?

ROBERT, embarrassé.

C'est... C'est un de mes amis.

LUCIE

Ah ! c'est dommage !

ROBERT

Pourquoi donc, madame ?

LUCIE

Enfin, vous allez me donner l'adresse de votre ami.

ROBERT, ahuri.

L'adresse de mon ami ?

LUCIE

Sans doute. Ne voyez-vous pas qu'il me faut le Thème

russe et que je suis horriblement malheureuse depuis que je ne l'entends plus ? Mon cousin, monsieur, mon cousin ne m'a pas épousée ; un beau matin il m'a écrit : « Ma chère Lucie... » — je m'appelle Lucie. — « Ma chère Lucie, toute réflexion faite, je vous rends votre parole et vous redemande la mienne. Le mariage m'effraye, je n'aime pas les parties de campagne projetées à l'avance, etc., etc. » Est-ce assez comique ?

ROBERT

Peuh ! Le cynisme n'est qu'une franchise qui a mal tourné.

LUCIE

Mon cousin était fort mal élevé, comme vous pouvez voir, et je ne le regrettai guère ; enfin, durant un hiver, j'ai cru qu'il m'aimait beaucoup et que je l'aimais un peu. Ce semblant d'amour, bercé par ce cher Thème russe, m'avait donné un semblant de bonheur. Aujourd'hui, tout est fini : je vois que je m'étais trompée ; j'ai oublié l'amoureux, mais je me souviens de l'air et je voudrais l'entendre encore.

ROBERT, regardant la fenêtre.

Mais, madame, je n'ai plus le Thème russe et je crois qu'il me sera difficile de me le procurer de nouveau. C'est un Thème russe qu'on ne trouve qu'en Italie.

LUCIE, plus lentement.

Monsieur, je ne vous ai pas tout dit. Je ne suis pas excentrique de naissance : cela m'est venu par accident. On jouait quelquefois aussi le Thème russe le matin sur votre piano ; à cette heure, je contemplais souvent de ma fenêtre un beau petit garçon blond, qui, sur le balcon d'en face, riait, pleurait, chantait, tirait les oreilles du chien, ouvrait la cage des oiseaux et faisait le bonheur de sa mère. Et moi, je me disais : « Comme ça doit être heureux, une femme qui a un enfant ! » Vous comprenez, monsieur, quand on a été mariée le temps d'un déjeuner, on n'a pas connu les joies du ménage, ni celles de la maternité, ni celles de... enfin on n'a connu aucune joie : on est presque une vieille fille. Or, quand j'étais petite, je n'avais qu'un rêve : être grand'mère. L'enfance, la jeunesse, l'âge mur, me semblaient des étapes ennuyeuses qu'on traversait seulement pour arriver à cette terre promise. Être grand'mère ! Être grand'mère ! c'est-à-dire, avoir de beaux cheveux blancs, des bonbons plein ses poches, des indulgences plein son cœur, d'affreux petits enfants, jolis comme des anges, qui vous cassent vos lunettes, et, le premier janvier, viennent, avant le jour, vous réciter *Maître Corbeau* ! Est-ce assez adorable ! Eh bien ! monsieur, en écoutant cette musique et en regardant le petit garçon blond du balcon d'en face, je voyais tout cela, et ces joies, que je n'aurai peut-être jamais, m'apparaissaient comme dans un songe. Comprenez-vous maintenant pourquoi j'insiste, pourquoi je suis indiscrète et pourquoi j'ai osé me présenter chez vous ?

ROBERT

Madame, vous aurez le Thème russe demain !

LUCIE

Mais, monsieur, il me le faut aujourd'hui : je pars, je vais à la campagne, chez ma sœur, qui me jouera

mon Thème russe, car, moi, malheureusement, je ne suis
pas musicienne.

ROBERT, bondissant.

Vous n'êtes pas musicienne ?

LUCIE, étonnée.

Non, monsieur.

ROBERT, avec élan.

Madame, vous êtes parfaite !

LUCIE

Voyons, monsieur, pas de mauvaises plaisanteries !
Je vous ai déduit mes raisons, je vous ai avoué ma faiblesse ; donnez-moi l'adresse de votre ami ; je suis pressée... je pars à cinq heures.

ROBERT

Ah ! vous partez à... ? (*A part.*) Ça m'ennuie qu'elle
parte ! (*Haut.*) Alors vous vous en allez... comme ça ?

LUCIE

Qu'entendez-vous par « comme ça » ?

ROBERT

Enfin, vous partez sans me dire un mot d'amitié, sans
me laisser espérer.....

LUCIE

Espérer... quoi ?

ROBERT

Voyons, madame, convenez que, depuis une heure,
vous me prenez pour un sot.

LUCIE, protestant.

Oh ! monsieur !

ROBERT

Si, si ! et vous avez l'air d'avoir raison, parce que je vous ai regardée sans rien dire et que je vous ai écoutée sans vous répondre. Vous m'avez parlé de vos excentriques, de vos cousins et de vos thèmes russes. Mais sachez que tout cela m'était bien égal ; je vous ai regardée parce que j'avais du plaisir à vous voir, je vous ai écoutée parce que j'avais du plaisir à vous entendre. Si une autre personne était venue me débiter tous ces jolis contes bleus, je me serais mis en fureur ! De votre part, ça m'a semblé charmant. Apprenez donc, madame, ce que je viens d'apprendre moi-même : que je vous trouve adorable, que désormais je vais vous adorer et que j'ai l'honneur de vous en donner avis. Vous voyez que je sais, dans l'occasion, être tout aussi excentrique qu'un autre.

LUCIE, impassible.

L'adresse ?

ROBERT

Tiens ! vous vous moquez de moi ? Vous ne croyez pas à l'amour coup de foudre ? Eh bien ! je vais vous donner une preuve de la délicatesse de mes sentiments. Ce n'était pas un homme, madame, qui jouait du piano chez moi ; c'était une femme ! Oui, madame, une femme que j'aimais et qui m'aimait ; je n'avais pas osé vous l'avouer tout à l'heure ; mais à présent, dussiez-vous en mourir de jalousie, c'était une femme, madame, c'était une femme !

LUCIE, tranquillement.

Alors, donnez-moi l'adresse de la femme !

ROBERT

Non, madame, je ne vous la donnerai pas. Vous ne comprenez donc pas combien il me serait pénible de penser que vous êtes allée chez... Pardon, madame, je m'oubliais... je croyais que nous étions de vieux amis. Vous aimez le Thème russe : je le déteste. N'ayant pas les mêmes goûts, il me semblait que nous étions faits l'un pour l'autre.

LUCIE

Monsieur, je n'ai plus qu'un quart d'heure à vous donner. Cessez vos paradoxes et décidez-vous.

ROBERT

Mais enfin, que lui trouvez-vous donc de si merveilleux à ce Thème déjà nommé? De grâce, madame, éclairez-moi ! Je ne suis point un pécheur endurci et je me promènerais volontiers sur le chemin de Damas... si vous vouliez être de la promenade.

LUCIE

Oh ! je ne fais pas de prosélytes... je n'ai jamais pu convertir mon cousin...

ROBERT

Ne me parlez pas de votre cousin... Ou plutôt si, parlez m'en, je vous en prie. Dites-moi que vous ne le regrettez pas... (*Il se met à genoux.*)

LUCIE

Voulez-vous bien vous relever !... Quelle folie !

ROBERT

Ce n'est pas de la folie, madame, c'est de l'excentricité
tout au plus, de la jolie petite excentricité que vous aimez ! Dites-moi que vous ne le regrettez pas du tout !

LUCIE

Relevez-vous donc !... Si votre domestique entrait...

ROBERT, toujours riant.

Dites-moi que vous ne le regrettez pas.

LUCIE

Quel homme ! Eh bien ! Non ! Je ne le regrette pas.
Là ! Êtes-vous content ?

ROBERT, lui baisant la main.

Enchanté, madame.

LUCIE

Que faites-vous, monsieur ?

ROBERT

Oh ! pardon, madame, mais je vous préviens que j'ai
peu d'empire sur moi-même ; si vous restez ici, je re-
commencerai certainement.

LUCIE

Il n'y a pas moyen de prononcer dix paroles raisonna-
bles avec vous.

ROBERT

Madame, je vais parler sérieusement, puisque vous le
voulez. Nous venons de passer une heure ensemble ;

vous m'avez charmé, séduit plus que je ne saurais le
dire ; de mon côté, j'espère ne pas vous avoir déplu ; je
m'y suis efforcé, en tout cas. Si je ne vous revois plus,
je serai obligé de m'en consoler et j'aurai le malheur de
n'en pas mourir ; pour vous, madame, dans huit jours,
c'est à peine s'il vous restera le souvenir de cette visite
qui aurait pu lier deux existences. Eh bien ! de la sympathie qui vient de naître entre nous dans cette heure
trop courte, pourquoi ne ferions-nous pas de l'amour et
même de l'affection ? Ne prenez pas votre air railleur...
Pendant cinq minutes, cessez, je vous en conjure, d'a-
voir de l'esprit. Il n'y a rien de bête comme l'amour et
les gens heureux. Soyons heureux et soyons bêtes. Permettez-moi ce soir de mettre une cravate blanche et
d'aller demander votre main à vos grands-parents, si
vous en avez. Devenez ma femme, je vous en prie. Ce ne
sera pas excentrique du tout, je le sais bien, mais je
vous aimerai tant, tant et tant que vous serez bien obligée de convenir qu'il n'y a pas beaucoup d'excentricités
qui vaillent cette banalité-là.

LUCIE

C'est que... je n'étais pas venue ici pour me marier et
si j'avais su...

ROBERT

Si vous aviez su ?...

LUCIE

Je ne serais pas venue. J'avais juré de ne plus aimer
personne... Si j'allais manquer à mon serment ! Allons !
c'est absurde ! Je reste là à vous écouter et... (*Regardant
l'heure.*) je ne peux plus partir aujourd'hui, il est trop

tard. Ce Thème russe dérange toutes mes combinai-
sons. Au moins me l'apporteriez-vous en mariage, si je
consentais ?

ROBERT

Madame, voulez-vous savoir la vérité ?

LUCIE

Il y a quelquefois des mensonges qui valent mieux ;
mais, enfin, dites toujours.

ROBERT

J'avais ici un exemplaire du Thème russe, et cinq
minutes avant votre arrivée je l'ai jeté par la fenêtre à
cause de ma haine pour...

LUCIE

Pour celle qui vous le jouait ? C'est du dépit ! Vous
ne m'aimez pas : je le disais bien !

ROBERT

Ne recommencez pas cette méchante querelle ; vous
savez bien que je parle de la musique et non de la musicienne et que, pour l'amour de vous, je vais adorer ce
que j'ai... brûlé ! Mais, en échange du sacrifice de mes
convictions musicales, ne me ferez-vous pas celui de ?..

LUCIE

De quoi, monsieur ?

ROBERT

Celui de votre veuvage ?

LUCIE

Monsieur, je suis fort embarrassée... Je ne veux pas dire non... je n'ose pas dire oui...

ROBERT

Enfin, madame, puisque vous voulez prendre un mari, pourquoi ne me choisiriez-vous pas aussi bien qu'un autre ? Vous n'aimez pas à chercher, vous l'avez dit !

LUCIE

Sans doute ; mais une décision si grave, si grave... on ne peut vraiment la prendre soi-même.

ROBERT

Vous voulez consulter un parent, un ami ?

LUCIE

Oh ! non ! Je voudrais... (*Elle cherche autour d'elle.*)

ROBERT

Me jouer à pile ou face ?

LUCIE

Précisément. Dans les grandes occasions, il vaut mieux s'en rapporter au hasard. — J'ai trouvé ce que je cherchais. Prêtez-moi toute votre attention. Lorsque l'on jette quelque chose par une fenêtre, cela tombe nécessairement sur le trottoir. Or, les gens qui passent sur le trottoir se divisent en deux catégories bien distinctes : les gens qui sont honnêtes et les gens qui ne le sont pas. Si le malheureux Thème, objet de mes vœux, a été ramassé par une personne appartenant à cette deuxième catégorie, il n'y a plus d'espoir et je ne vous épouse pas. Si, par aventure, c'est un membre de la première catégorie qui a reçu votre rouleau sur la tête, il l'aura déposé chez votre concierge : je regarde cela comme un avertissement du ciel et je vous épouse.

ROBERT

Cela n'a pas de bon sens! Remettre nos deux destnées aux mains du hasard ! Faire dépositaire de mou bonheur le premier passant venu !

LUCIE

C'est à prendre ou à laisser.

ROBERT

Je prends, madame, je prends. Je vais sonner mon domestique pour qu'il s'informe. Je suis très ému, madame, très ému. Oh ! voyons! est-ce qu'il n'y aura plus d'espoir si ?...

LUCIE

Plus d'espoir   vous l'ai dit.

ROBERT

Allons, du courage ! (*Il sonne.*) Si le Thème russe est perdu, madame, je prends le même chemin que lui et je meurs à vos pieds.

SCÈNE CINQUIÈME

LES MÊMES, JOSEPH.

JOSEPH

Monsieur a sonné ?

ROBERT

Oui, Joseph, je...

JOSEPH

Je demande pardon à monsieur si je me permets d'interrompre monsieur, mais le concierge vient de monter cela en demandant si cela n'est pas tombé du balcon de monsieur. (*Il tire le rouleau de son tablier.*)

ROBERT, avec joie et le prenant.

Ah !

JOSEPH

Je ne l'ai pas apporté plus tôt à monsieur, parce que monsieur étant en compagnie, j'aurais craint de déranger monsieur.

ROBERT

Bien Joseph, bien. Je double tes gages ! Le voilà, madame, le voilà, notre Thème russe! La Providence a parlé.

LUCIE

Allons ! je consens à ce que vous arboriez votre cravate blanche... à une dernière condition.

ROBERT

Laquelle ?

LUCIE

Mettez-vous au piano et jouez-le moi.

ROBERT

Quoi, vous voulez ?

LUCIE

Puisque je ne sais pas le jouer moi-même. Avez-vous déjà oublié que je suis parfaite ?

Fin.

RETOUR DE VOYAGE

Saynète

Par M. Richard CORTAMBERT

A M. SAINT-GERMAIN
du Vaudeville

Je vous offre, Monsieur, ce petit monologue, à vous qui savez si bien allier le sentiment, l'émotion, au rire fin et à la franche gaîté.

R. C.

PERSONNAGE

RENÉ DE SAINTEUIL.

RETOUR DE VOYAGE

*La scène se passe dans le cabinet d'un avocat, homme
d'affaires. — Chambre bien meublée, élégante. Table
couverte de papiers. — Cheminée à gauche de la scène.
Glace. Porte au fond et portes latérales.*

RENÉ DE SAINTEUIL, ayant des papiers d'affaires entre les mains,
à la cantonade.

Je n'y suis pour personne! Fernand, vous répondrez
pour moi! Terminez au plus vite l'affaire Plumechoux!
C'est entendu! n'est-ce pas? Ah! mettez à la poste les
lettres pour Vincent!... En partant, vous passerez chez
le père Desmouchette, vous prendrez le dossier!... N'oubliez pas, surtout, de lui glisser deux mots sur son
compte arriéré!... *(Entrant dans la pièce, après avoir
fermé la porte au verrou.)* Cette fois, trêve aux affaires!
Je vais pouvoir me consacrer enfin tout entier à ma
femme et à mes chers bébés... Le train qui les ramène
ne doit plus être loin. *(Comptant, retournant la liasse
de papiers.)* Numéros deux mille trois cent sept, deux
mille trois cent huit, neuf, dix, onze, parfait! Compte
Fromageot! Bien! Bien! Cinq mille deux cent soixante
dix francs, total, avec les frais, onze mille deux cent
dix francs. Ce n'est pas trop! Parfait! Dossier Pome-
reul! Numéros cinq mille vingt-neuf, trente, trente-un,

trente-deux, trente-trois, trente-quatre. — Pièces à
l'appui.—Parfait! Allons, je ne veux plus entendre parler
de ces paperasses maudites. (*Il les dépose sur le bureau
et les reprend aussitôt.*) Six mille cent quatorze, oui! C'est
bien cela! Affaire Bridoisel... Oui, oui! Allons! assez!
assez! (*Il place les papiers sur le bureau. Regarde la
pendule.*) Cinq heures trente-cinq minutes... Arrivés en
gare, si toutefois il n'y a pas de retard... Exactitude de
chemins de fer, exactitude de débiteurs! Seulement les
uns arrivent... et les autres, cours, mon bonhomme!

(*Regardant sa montre.*) Ouf! J'ai six heures moins un
quart! Quelques minutes encore et nous allons nous
retrouver ensemble... Après tant de semaines d'absence,
de séparation... Cette chère Clémence!.. je la vois descendant du chemin de fer, préoccupée, inquiète... La poule
avec ses poussins! Ma petite Thérèse demande son petit
papa... Aura-t-elle assez grandi, la mignonne! Et mon
gros Frédéric, qui se blottit dans les bras de sa nourrice
au bruit de la locomotive... On sort du wagon! Allons!
n'oubliez rien, prenez garde à Fredy! Ouf! Les chers
amis, comme ils se dépêchent et comme ma jolie Clémence accélère le pas pour atteindre la porte du débar-
cadère!...Elle me cherche au milieu de la foule de parents
et d'amis qui attendent avec anxiété, entre un portefaix
insouciant et un douanier impassible... Elle me cherche
partout... et le visage épanoui du vieux Joseph, que ma
Clémence distingue, lui dit assez que les affaires m'ont
retenu en forçat dans mon étude... Maudite soit cette
besogne infernale qui me prive du premier sourire de ma
chère femme, de ces délicieuses allégresses du retour,
des embrassements de mes bébés.. ! Les affaires, on les
exècre lorsqu'on les a, et lorsqu'on ne les a pas, on les

convoite... Allons! le sort le veut ainsi, et je me promène dans mon cabinet comme le fauve dans sa cage,
maugréant contre les clercs, les clients, les juges, la
procédure et le reste... (*Il prend un livre et le jette vio-
lemment sur la table. S'asseyant dans son fauteuil.*)
Clémence ne me verra pas sans plaisir... Après tant de
semaines passées loin l'un de l'autre!... Les enfants me
reconnaîtront-ils? Eh oui!...Allez-vous sauter, mes gail-
lards! Et quel déluge de gros baisers!

(*Prenant deux boîtes.*) Ah! mais, voyons si Giroux a
bien fait les choses...! (*Il ouvre une boîte et prend une
poupée.*) Superbe! Quelle robe! Quelle coiffure! Oh! le
chapeau... colossal... Quant à l'œillade, expressive! Oh!
oh! Ne pourrons-nous même plus trouver des poupées
honnêtes? O temps! o mœurs! Ah! et le cadeau que le
papa offrira à son petit Fredy... Un cheval! Un dada,
mon papa! saute mon cavalier! (*Il fait sauter sur ses
genoux, sans s'en apercevoir, la poupée et le cheval,
comme s'il tenait les deux enfants.*) Au pas! au pas! au
trot! au galop! au galop! (*Regardant la montre.*) Près
de six heures! Toujours du retard... Allons! la belle
déesse, vite au lit et le cheval à l'écurie.

(*Allant à la glace.*) Clémence me trouvera-t-elle dété-
rioré?... Eh! eh! J'ai gagné quelques rides, perdu pas
mal de cheveux... et je grisonne... Voilà le bénéfice le
plus clair des derniers mois... Heureusement je me sens
encore nerveux, jeune... (*Prenant un portrait.*) Clémence
ne paraît pas du tout changée... Chère femme! La vie à
l'air libre, la grasse campagne, semblent lui avoir rendu
sa physionomie d'autrefois! Je la retrouve comme à
dix-huit ans! Sa jolie bouche paraît me sourire... O la
maligne fossette! C'est bien son regard limpide, spiri-

tuel... Ce regard doucement perdu dans l'espace... O ma Clémence! nous reprendrons ensemble les causeries du soir, ces bonnes causeries d'hiver, la main dans la main, échangeant nos pensées à la lueur vacillante du foyer, dans cette demi-obscurité qui invite aux songes charmants de l'imagination, voyageant en esprit, tout près l'un de l'autre, et couvant du regard les enfants au berceau... O les moments heureux! (*On sonne.*) Les voilà! grande fête! (*Il court à la porte et revient avec une liasse de lettres.*) Je ne comprends pas. Qu'est cela? Clémence? Comment? Des lettres adressées à ma femme! (*Lisant.*)

« Ma bien chère Clémence,

« C'est plus fort que moi. Il faut que je t'écrive! Il me semble qu'ainsi je reprends avec toi une de nos gentilles causeries. Depuis un siècle que je ne t'ai vue, je crois n'avoir pas vécu. Mais te voilà de retour, enfin! A demain, n'est-ce pas? A l'heure habituelle. Nous avons tant de choses à nous dire! Cette lettre t'arrivera par une voie sûre, comme d'habitude.

« Je ménage une surprise à notre fils. — (*Reprenant accablé.*) Notre fils!— Garde-moi le secret.

« A toi pour la vie.

« Ernest DE M. »

(*Parlé.*) Mais c'est à devenir fou! Je suis le jouet de quelque hallucination, de quelque rêve diabolique! C'est impossible. Ma femme, que je supposais si attachée à ses devoirs!... non! non!... ne peut ainsi rompre avec son passé! D'ailleurs! elle semblait m'aimer! Toutes ses lettres me le redisent.—Hélas! les mois se sont écoulés...

l'éloignement, l'ennui ! (*Parcourant les autres lettres.*)
Une lettre, deux, trois... Toutes me répètent les mêmes
infamies... Il n'y a pas à douter !... Voyons l'enveloppe,
A Monsieur René de Sainteuil.... Personnelle... L'anonyme qui me fait cet envoi, afin de mieux préciser, de
ne laisser aucune prise au doute, a même eu le soin de
mettre ce mot : « Personnelle ! »

Et je vivais heureux, me reposant sur une confiance
sans bornes ! Je me plaisais à élever si haut l'indigne
épouse qui flétrissait ma réputation... et je ne voyais
rien, j'ignorais tout !

Laboure donc, misérable ! Pâlis sur les dossiers et
la procédure, va, meurs à la peine ! On t'a trompé,
c'est bien fait ! Tu n'as rien su comprendre, cloîtré
que tu étais, du matin au soir, entre tes quatre
murs !... Il fallait, imbécile ! moins travailler et plus
surveiller les tiens... Dans la conduite de cette malheureuse, tout, en vérité, paraissait régulier... qui
aurait supposé tant de perfidie ? Quel est le scélérat
qui me ravit ainsi mon bonheur ? Où se cache cet
infâme ? Je veux le tuer... (*Allant prendre ses pis-
tolets.*)

Amère dérision ! où le trouverais-je ? Commettra-t-il,
ce voleur, l'imprudence de se trahir..? allons donc !
D'ailleurs, les lâches ne se battent pas et l'amant d'une
mère de famille est un lâche. Quand je les tuerais l'un
et l'autre, ajoutant un crime de plus au leur... La cour
d'assises, l'acquittement, sans doute, mais le déshonneur, l'éclat d'un procès retentissant ! Ma vie ne sera-
t-elle pas de toutes les manières brisée à jamais ? Le
calme rentrera-t-il dans mon âme ?

(*Fondant en larmes.*) Oh ! mon enfant, mon petit

Frédéric, que je suis malheureux! (*Se remettant.*) Allons! allons! de la fermeté! Plus de défaillance! Pour échapper à la honte, je vendrai tout ce que je possède ici, je laisserai cette femme à son amant... J'entraînerai loin d'elle ma fille... je ne veux pas que ma Thérèse reste une journée de plus en de pareilles mains...

Du calme! Ne parviendrai-je pas à me maîtriser? (*Se remettant peu à peu.*) Allons! voilà qui va mieux! Il doit y avoir dans sa chambre bien d'autres témoignages de culpabilité... Il m'en faut! J'en trouverai en cherchant bien! Les amants conservent leurs reliques maudites et je serais malheureux, en vérité, si je ne faisais quelque belle trouvaille. — Examinons son meuble favori. (*Il rapporte du fond de la scène une sorte de bureau.*) Précisément! la clé n'y est pas! Assurée de mon aveuglement et d'avoir en moi un mari modèle qui ne voit rien, elle est partie bien paisible, convaincue que je n'aurais garde d'avoir le moindre soupçon, et, par un cruel raffinement, elle m'a obligé à vivre à côté de ce meuble qui doit recéler les secrets d'amour... Ah! la clé n'y est pas!... saute la serrure! (*Il prend une pince et force la serrure. Il examine tout, retourne tout et jette une foule d'objets sur le sol. On sonne.*) — On sonne... Eh! que m'importe? Le domestique n'est pas là pour ouvrir! Tant mieux! (*Cherchant.*) — Rien! rien! rien! (*On sonne de nonveau.*) Sonnez! Carillonnez à votre aise! Si c'était elle cependant? *Avec dépit.*) Eh! Qu'elle parte! (*Il poursuit ses recherches et vide le meuble. Il découvre une bague.*) Je ne connaissais pas ce bijou. — Souvenir. Preuves à l'appui! *Il met la bague de côté.*) Ah! un carnet! Je ne me rappelle pas le lui avoir jamais vu. C'est lui qui l'a offert! L'écriture de ma femme! (*Lisant.*) « Je t'aime, je t'aimerai toujours ! »... Fille de Satan ! Va, j'en sais assez !... Pièces à l'appui !-- Ah ! un cigare à moitié consumé et je n'ai pas fumé depuis dix ans ! Infâme ! Pièce à l'appui... Ah ! Qu'est-ce que cela ? Une tapisserie commencée... Des pantoufles ! Elle y travaillait en cachette... la perfide ! Pièce à l'appui ! (*On continue à sonner et à frapper.*) Ah ! l'on s'impatiente ! Croyez-vous que je m'amuse ! Il faut pourtant que je sache si c'est elle... et, par Dieu ! je ne serais pas mécontent de la confondre. (*Il ouvre la porte et revient avec une lettre.*) Une lettre ! Ce père Benoist m'apporte-t-il encore quelque complément au dossier ? « J'avais oublié, me dit-il, de vous remettre cette lettre avec les autres. »

Lisant.

« Monsieur l'Avocat,

« Je pense que vous ne lirez pas sans intérêt les lettres suivantes qui vous édifieront sur la culpabilité de madame Clémence Rigodon, ma femme. Je vous livre des pièces convaincantes. » (*A lui-même.*) Parbleu ! Je le crois bien...(*Continuant.*)« Elles en disent trop pour que je sois obligé d'y ajouter un seul mot. Ma femme m'a trompé de la manière la plus indigne.» (*A lui-même.*) Sa femme ! lui aussi ! Que dit-il ? (*Lisant.*)« J'étais un si bon mari ! » (*A lui-même.*) C'est toujours comme ça ! (*Lisant.*) « Je réclame au plus vite la séparation. Le coupable n'est autre que Monsieur Ernest de Méral, que vous connaissez peut-être.

« Votre bien dévoué,

« RIGODON. »

Sa femme ! à lui, Rigodon ! Ce bon monsieur Rigodon! Ah! je respire! Eh! eh! C'est sa Clémence et non la mienne... Ouf! Franchement, j'aime mieux cela! Aussi que diable allais-je inventer, stupide que j'étais! Ah! c'est égal! Je me sens soulagé d'un poids! Ce pauvre malheureux bonhomme de Rigodon! L'est-il assez? Ernest est un maladroit de s'être laissé ainsi pincer...— Il est si fou, si imprudent!... Pauvre monsieur Rigodon! Aussi peut-on s'appeler Rigodon! Ces choses-là n'arrivent qu'aux grotesques... D'ailleurs, je me le disais bien, je m'en serais aperçu depuis longtemps... On ne nous en fait pas gober, à nous autres, gens du métier, vieux renards... — Infortuné rigodon! (*Fredonnant.*) Dondaine et don don! Pinçons un rigodon! Dondaine et don don! Ha! ha! ha! ha! Sa femme est assez aga-çante... Cet Ernest! Heureux coquin! Hé! hé! Joli minois, éveillé, un petit nez provocateur. Ça ne m'é-tonne pas! Non, pas du tout! Un mari incapable, insi-pide! Elle rageait, la pauvrette! de s'appeler madame Rigodon...Pinçons un rigodon! dondaine et don don!... Avec tout cela, cet écervelé d'Ernest se trouve pris au piège! Il est si bon garçon!... Quel étourneau!... Mais il ne fallait pas envoyer toute cette liasse de poulets assaisonnés à la sauce piquante. Triple fou! N'importe! Il a agi sans discernement, pure légèreté d'enfant... Madame Rigodon, entre nous, est un peu madame Pu-tiphar...Un mari imbécile... Ernest est mon vieil ami... je le sauverai! (*Comme s'il plaidait.*) Messieurs de la Cour, le prétendu amant de cette femme est un brillant artiste qui a peut-être été séduit une minute, en imagi-nation seulement, par les charmes quelque peu provoca-teurs de la jolie madame Rigodon, mais c'est un esprit profondément honorable, qui n'a pu commettre un acte illégal... Plaise à la Cour... D'ailleurs quelles preuves nous présentez-vous? Quelles pièces nous...(*Apercevant sur la table les pièces à l'appui qui le concernent, il devient tout à coup sérieux.*) Eh! diable! diable! J'ai là, aussi, des pièces assez compromettantes... Est-ce qu'en cherchant, j'aurais également trouvé quelque chose pour moi? (*Se grattant l'oreille.*) Comment expliquer la présence de ces objets, les phrases contenues dans ce carnet, ce cigare, cette bague..? Je n'y pensais plus... Diable! diable! Tout cela sent mauvais! Jusqu'à ces pantoufles, dont je n'ai jamais entendu parler...Ça m'impatiente, tout cela! Hum! hum! (*Retournant le carnet, une page tombe.*) Ah! un billet! signé : « Clémence de Sainteuil », ma femme!... et qui m'est adressé : — (*Lisant.*)

« Mon cher ami,

» Si je meurs dans les cruelles épreuves que Dieu nous envoie, ne m'oublie pas! Je n'ai à me reprocher aucune faute. Toi et mes enfants, vous avez été tout mon bonheur. Je t'aime d'un amour sans bornes... On trouvera après moi certains objets que je te destine ainsi qu'à mes sœurs : une bague, souvenir de ma pauvre mère... un carnet, où je me plaisais à inscrire quelques notes... J'avais commencé à y exprimer mes pensées sur l'affection qui nous unit, mais ma plume ne rendait qu'imparfaitement ce que mon cœur ressentait. O cher ami! ris de moi, de mon enfantillage... Tu trouveras aussi un cigare à moitié consumé... Tu ne te rappelles pas? oh non! Vous me faisiez alors la cour, monsieur René de Sainteuil : vous entrez une fois, beau comme le jour... Par distraction, vous teniez votre cigare... Il venait d'effleurer vos lèvres... vite, vous le dissimulez dans l'embrasure d'une fenêtre... Quel fut le voleur, le voleur heureux lorsque vous vîntes à partir, toujours trop tôt, hélas! pour un petit cœur qui battait bien fort, en entendant seulement parler de vous?...

« O cher mari, mari de mon cœur, je t'embrasse mille fois et je te répète encore que je n'ai jamais aimé que toi.

« Ta femme qui t'adore,

« CLÉMENCE. »

Pauvre chère amie! Et je t'accusais! Je te condamnais! Je suis un monstre... Je m'en voudrai éternellement de mes injurieux soupçons! Méchant que j'étais! Me défier d'une compagne aussi parfaite! Va, chère femme, le ciel sans nuage luit encore pour nous.

(*Regardant autour de lui.*) Quel fouillis! O le beau ménage! (*Cherchant à raccommoder un vase qu'il a brisé.*) Voilà bien le désespoir d'un jaloux! Comment vais-je expliquer l'ouverture quelque peu brutale de ce meuble?

(*On entend le roulement d'une voiture.*) Mais une voiture s'arrête à la porte! Ce sont eux!... Allons, tant pis!... (*Il jette tous les objets pêle-mêle dans le secrétaire.*) Que va dire Clémence? grand Dieu! Je mettrai ce joli arrangement sur le compte... d'un débiteur... Je trouverai bien, plus tard, une bonne explication entre deux baisers... Mais vite! Je les entends qui montent! Pan, pan, pan! Décidément, les voilà! les voilà! O les chers enfants! O chère Clémence!

(*On entend un enfant qui crie* : PAPA, PAPA! (*On sonne.*)

C'est mon Fredy! Oui, me voilà! Fredy! Attendez! J'accours! je suis là! (*On sonne. Il prend sous ses bras la poupée et le cheval.*)

Me voilà! Cette fois, place à l'amour et plus de jalousie!

Fin.

LA CRÉMAILLÈRE

Vaudeville en un acte

Par MM. E. DEPRÉ et Ch. CLAIRVILLE

PERSONNAGES

<table>
<tr><td>OVIDE, vingt-huit ans.</td><td></td><td>MM. G_{ALIPAUX}.</td></tr>
<tr><td>BEAUCHEVRON, bourgeois, qua-
rante à quarante-cinq ans.</td><td></td><td>M_{EILLET}.</td></tr>
<tr><td>URSULE, bonne des Beauchevron.</td><td>MM^{mes}</td><td>A_{MEL}.</td></tr>
<tr><td>GABRIELLE, femme de Beauche-
vron, vingt-cinq ans.</td><td></td><td>L. R_{OY}.</td></tr>
</table>

Chez Beauchevron, de nos jours.

LA CRÉMAILLÈRE

*Un salon préparé pour une soirée, bougies allumées...
Au fond, porte donnant dans l'antichambre... Premier
plan : à droite, porte de la chambre de Gabrielle ; à
gauche, porte de la chambre de Beauchevron... Chaises,
fauteuils ; à gauche, un guéridon.*

SCÈNE PREMIÈRE

GABRIELLE, puis BEAUCHEVRON.

(Au lever du rideau, la scène est vide.)

GABRIELLE, entr'ouvrant la porte de droite.

Ursule!.. Ursule!... Cette fille n'entend donc rien?
(Elle rentre en refermant la porte avec colère.)

BEAUCHEVRON, entr'ouvrant la porte de gauche.

Ursule! Ursule!... Qu'il est fâcheux d'avoir une bonne
aussi dure d'oreille ! *(Même jeu.)*

SCÈNE DEUXIÈME

URSULE, seule.

URSULE, entrant par le fond.

Ursule! Ursule! Sont-ils assez assommants... monsieur et madame Beauchevron! Quand ce n'est pas l'un, c'est l'autre...... (*Voix de Beauchevron et de Gabrielle au dehors.*) Ursule! Ursule!

URSULE

Là! tous les deux à la fois, maintenant! Et les sirops qui devraient tourner... (*Se reprenant.*)... que je devrais tourner! (*Coup de sonnette.*) Allons bon! On sonne... (*Elle s'asseoit*) à la porte d'entrée : des invités. (*On sonne.*) (*Se levant.*) Zut! je vais me coucher. (*Elle sort.*

SCÈNE TROISIÈME

BEAUCHEVRON, GABRIELLE.

(*Beauchevron et Gabrielle sortent de leurs chambres, effarés. Beauchevron est en pantalon noir, cravate blanche et en bras de chemise. Gabrielle est en robe de soirée et en camisole.*)

BEAUCHEVRON

Ah! Gabrielle .. Eh bien! la bonne?

GABRIELLE

Vas-tu me l'envoyer, enfin?

BEAUCHEVRON

Je ne l'ai pas.

GABRIELLE

Moi non plus, tu l'accapares.

BEAUCHEVRON

Comment? Elle n'est occupée qu'à te servir.

GABRIELLE

C'est toi qui l'emploies à tout faire.

BEAUCHEVRON

Tout faire !.. Que veux-tu dire ?

GABRIELLE

C'est bien le moment de se quereller !

BEAUCHEVRON

Tu exagères....

BEAUCHEVRON et GABRIELLE, parlant ensemble.

Je sais bien que nous n'avons pas le temps de nous disputer, mais je te demande Ursule, parce que j'en ai besoin.	Comme si nous avions le temps de nous disputer ! Je te demande Ursule parce que j'en ai absolument besoin.

(*Coup de sonnette.*)

Du monde !	Du monde !

(*Ils rentrent vivement dans leurs chambres.*)

SCÈNE QUATRIÈME

URSULE, seule.

URSULE, elle entre en portant un plateau avec théière, tasses, etc., qu'elle pose sur le guéridon.

Et on appelle ça pendre une crémaillère !... Je suis sûre qu'ils ont cru que c'était un invité. Ah ! ben oui ! C'est encore pour le dentiste du dessus : un monsieur enflé qui me demande : « Le dentiste, s'il vous plaît? » — « Y en a pas ici. » — « Ah! tant mieux! Justement je n'ai plus mal. »... Et il est redescendu... Ils n'arrivent pas vite les invités de madame; on ne se marche pas sur les pieds ici. Ils ont pourtant envoyé un tas de lettres... haut comme ça; du papier perdu, quoi! Depuis quinze jours, ils ne pensent qu'à leur soirée : un tintoin du diable ! On déménage tout : Monsieur émèche des bougies ; madame court les bureaux d'omnibus : elle y prend des numéros qu'elle m'a donnés pour le vestiaire... (*Sortant des nu méros de sa poche et les regardant*).... Tiens ! c'est tous des six ! Je sais bien qu'en les retournant, ça fait des neuf... Tout ça, pour faire du chic ! Voyons ! parce qu'on étrenne un nouvel appartement, est-ce une raison pour amuser ses amis en sacrifiant ses domestiques ?

SCÈNE CINQUIÈME

URSULE, BEAUCHEVRON, GABRIELLE.

BEAUCHEVRON, sortant de sa chambre; il a mis son habit. A Ursule.

Dis donc? ce n'était personne?

URSULE

Mais non.

GABRIELLE, sortant de sa chambre : toilette complète de soirée.

Personne? On ne vient donc pas !

URSULE

Parbleu !

BEAUCHEVRON

C'est bizarre.

GABRIELLE

Le fait est que nos amis manquent d'exactitude.

URSULE

Qu'est-ce qu'ils viendraient faire ?

BEAUCHEVRON

Mais... s'amuser !

URSULE

Qu'est-ce qui les amusera ?

BEAUCHEVRON

Ils s'amuseront entre eux. Ils sont bien assez grands pour s'amuser tout seuls... D'ailleurs, j'ai mis sur les lettres qu'on souperait : j'aurai du monde.

GABRIELLE, se regardant dans une glace.

Procope !

BEAUCHEVRON

Mon amie ?

GABRIELLE

Je suis rouge.

BEAUCHEVRON

Que veux-tu que j'y fasse ?

GABRIELLE

C'est l'impatience. Le sang me monte à la tête.

URSULE

Si vous preniez un bain de pied...?

GABRIELLE

Je n'ai pas le temps. Donne-moi la poudre de riz.

URSULE, donnant au hasard quelque chose qu'elle prend sur le guéridon.

Voilà, madame.

GABRIELLE

Sotte ! c'est de la poudre de sucre.

BEAUCHEVRON, qui depuis un instant se regarde dans la glace, criant.

Ah !

GABRIELLE et URSULE

Quoi donc ?

BEAUCHEVRON

Sapristi ! Je n'ai fait ma barbe que d'un côté. Vite ! de l'eau chaude !

URSULE, lui donnant la théière.

Voilà, monsieur.

BEAUCHEVRON, la prenant.

Imbécile ! C'est le thé.

URSULE

C'est la même chose.

GABRIELLE

Non, il faut le garder pour les invités.

(*Coup de sonnette.*)

BEAUCHEVRON

Quelqu'un !

GABRIELLE

Ah ! Cette fois-ci...... (*Elle s'asseoit. Ursule sort pour aller ouvrir.*)

BEAUCHEVRON, près du guéridon, versant du thé dans toutes les tasses.

Pourvu que ce soient les Molinchard... Ils ont huit filles.

GABRIELLE

Elles sont bien laides.

BEAUCHEVRON

Oui. Mais ça meuble.

URSULE, rentrant.

Monsieur ! Monsieur !

BEAUCHEVRON, sans regarder.

Conduis-les au vestiaire.

URSULE

Qui ça ?... C'est le glacier.

GABRIELLE, se levant contrariée.

Ah !

BEAUCHEVRON, *vexé.*

Le glacier?

URSULE

Oui, celui qui fait des glaces!

BEAUCHEVRON

C'est bien. Dites que je passerai payer.

URSULE

Il veut remporter son moule.

BEAUCHEVRON

Qu'il le remporte!

GABRIELLE

La glace va fondre...

URSULE

Et elle sera chaude!

BEAUCHEVRON

Qu'il remporte la glace avec ! et remplaçons-la par du bouillon... chaud. Au moins, quand les invités viendront, il sera froid.

URSULE

Du bouillon ! (*Remontant. A part.*) J'vas faire monter de la soupe au potiron... J'aime mieux ça. (*Elle sort.*)

SCÈNE SIXIÈME

BEAUCHEVRON, GABRIELLE.

(*Un moment de silence.*)

GABRIELLE, regardant la pendule, énervée.

Dix heures !

BEAUCHEVRON

Elle avance de deux minutes.

GABRIELLE

Tu vois ce que j'avais dit : on n'arrive pas !

BEAUCHEVRON

Un peu de patience ! Dans le grand monde, on n'arrive qu'au moment de s'en aller : j'ai lu ça dans le journal. Il faut savoir être comme il faut. (*Il remet dans la théière le thé qu'il avait versé dans les tasses.*)

GABRIELLE

Jolie idée que cette soirée !.. Une idée de toi.

BEAUCHEVRON

De moi?... de moi ?... entendons-nous !

GABRIELLE

Tu n'as pas voulu pendre une crémaillère ?

BEAUCHEVRON

Si... mais à nous deux. Je t'avais dit : Nous ferons un bon petit dîner...

GABRIELLE

Ç'aurait été gai !

BEAUCHEVRON

Non... mais ça aurait coûté moins cher. Tu as refusé, tu voulais avoir du monde. Je t'ai dit : L'appartement est trop petit. Tu as insisté. Alors, je t'ai répondu : Coupons la poire en deux; c'est bas de plafond, donnons un bal d'enfant.

GABRIELLE

Ça n'avait pas le sens commun : nous n'avons pas d'enfant.

BEAUCHEVRON, froissé.

Un reproche, Gabrielle?

GABRIELLE

Enfin, nous y voilà !... nous attendons.

BEAUCHEVRON

Le fait est que c'est bizarre. Après les nombreuses invitations que nous avons lancées... Car j'en ai lancé!... à tous les gens que nous connaissons... au moins. Je les ai remises à Ovide, il y a huit jours.

GABRIELLE

Pourquoi faire?

BEAUCHEVRON

Pour qu'il les mette à la poste.

GABRIELLE

Toujours Ovide! Tu ne peux pas te passer de lui?

BEAUCHEVRON

Non. Je l'aime, ce jeune homme : il est très gentil.

GABRIELLE

Il ne manquait que de me parler de lui, pour m'agacer un peu plus.

BEAUCHEVRON

Je ne te comprends pas. Qu'est-ce qu'il t'a fait ? Il est doué d'un caractère charmant. Tout le monde l'aime ici : Ursule, le concierge...

GABRIELLE

En leur graissant la patte.

BEAUCHEVRON

Pourquoi graisserait-il la patte de tous ces gens-là ?.. Et complaisant ! Toutes les fois que j'ai une corvée, je pense à lui. Ainsi, l'autre jour, je devais rester auprès de toi toute la soirée : j'avais à sortir ; il t'a tenu compagnie. Quand je lui ai dit merci, il m'a répondu : « Il n'y a pas de quoi. »

GABRIELLE

Certes, j'aurais bien préféré être seule.

BEAUCHEVRON

La solitude est mauvaise conseillère.

GABRIELLE

Il me déplaît : il ne sort pas d'ici. Et tu le retiens avec tes parties de piquet interminables...

BEAUCHEVRON

Si je le retiens ! Je crois bien : il perd toujours. Et

puis, si tu veux tout savoir, je n'ai consenti à cette petite fête que dans l'espérance de le distraire.

GABRIELLE

Mes compliments !

BEAUCHEVRON

Écoute : quand il vient ici, il ne voit jamais que toi ; moi-même, je n'y suis pas toujours. J'ai voulu qu'il puisse dire au moins une fois : « J'ai vu du monde chez les Beauchevron. »

GABRIELLE

Eh bien ! mais, c'est réussi !

BEAUCHEVRON

Non. Et justement ça me contrarie plus encore pour lui que pour nous. Comprends donc : s'il allait s'ennuyer ! Pour un peu, je souhaiterais qu'il ne vînt pas

GABRIELLE, piquée.

Pourquoi ne viendrait-il pas ?

BEAUCHEVRON, satisfait.

Ah ! tu vois !... Rassure-toi : il viendra. Il me l'a dit hier.

GABRIELLE

Tu l'as vu hier ?

BEAUCHEVRON

Chez son tailleur, où je me fais habiller maintenant.

GABRIELLE

Tiens !... Quelle idée !

BEAUCHEVRON

Parce qu'Ovide est toujours très bien mis. Tu ne t'es pas aperçue que j'ai un paletot pareil au sien?

GABRIELLE

J'ai même trouvé cela assez ridicule. Un homme qui ne prend jamais une décision et qui ne peut rien faire tout seul....

BEAUCHEVRON, à part.

C'est bizarre : j'ai remarqué qu'une fête de famille ne se passe jamais sans qu'on se dise des choses désagréables.

(Coup de sonnette.)

GABRIELLE

On sonne!

BEAUCHEVRON

Et très fort: ils doivent être beaucoup... (*Ému.*) Gabrielle!

GABRIELLE, idem.

Procope!

BEAUCHEVRON et GABRIELLE, chantant ensemble et presque dansant.

Les voilà! Les voilà! ah! ah! ah!

BEAUCHEVRON

Ah! ma bretelle!

GABRIELLE

Oh! mon corset!

BEAUCHEVRON

Le bouton est parti.

GABRIELLE

La baleine est cassée.
(*Ils rentrent précipitamment, chacun dans sa chambre*)

SCÈNE SEPTIÈME

URSULE, puis OVIDE.

URSULE, paraissant au fond.

Tiens! ils se sauvent! (*A la cantonade.*) Ça ne fait rien : entrez tout de même... (*Annonçant en criant*). Monsieur Ovide!

OVIDE, tenue de soirée très soignée; un paletot sur le bras. Regardant autour de lui.

Personne?

URSULE

Vous êtes le premier.

OVIDE

Ça ne m'étonne pas... Débarrasse-moi de mon paletot, petite.

URSULE, prenant le paletot.

Voulez-vous un numéro?

OVIDE

Un numéro!

URSULE

Pour ne pas le confondre avec les autres paletots qui vont venir tout à l'heure.

OVIDE, d'un air de doute.

Oh ! ça...!

URSULE

D'ailleurs il est facile à reconnaître : il est pareil à celui de monsieur.

OVIDE, se regardant dans la glace, à part.

Ce soir, je brûle mes vaisseaux... (*Haut à Ursule.*) Je suis bien, n'est-ce pas?

URSULE, avec admiration.

Oh ! Si je ne me retenais pas, je vous embrasserais.

OVIDE

Retiens-toi.

URSULE, passant sa main sur les cheveux d'Ovide.

Et il a de la pommade... et qui sent bon....!

OVIDE

A la vanille.

URSULE

Comme les glaces.

OVIDE

Mais... tes maîtres ne sont pas sortis, je pense?

URSULE

Ah ! ne m'en parlez pas !.. Ils déménagent.

OVIDE

Un déménagement ! Ce soir ?

URSULE

Je veux dire qu'ils ne savent plus ce qu'ils font. Fallait cette soirée pour les détraquer tout à fait : monsieur surtout.

OVIDE

Et madame Beauchevron ?

URSULE

Elle doit prendre un bain de pieds.

OVIDE

Hein ?

URSULE

Je lui ai dit que ça lui ferait du bien : elle était toute cramoisie.

OVIDE, à part.

L'émotion de me voir, sans doute.

URSULE

Dame ! Ils se mangent les sangs. Ils ont fait de la dépense... et puis, personne.

OVIDE, riant d'un air malin.

Eh ! eh !

URSULE

Ça vous fait rire ?

OVIDE, mystérieusement.

Oui.

URSULE

Pourquoi?

OVIDE, idem.

C'est mon secret.

URSULE, s'asseyant à gauche.

Racontez-le moi, hein?

OVIDE

Tu bavarderais.

URSULE

Ça dépend.

OVIDE

C'est juste... (*Lui donnant de l'argent.*) Tu seras discrète?

URSULE

Pour sûr!... Et puis, vous savez, si vous aimez mieux ne rien me dire, après tout, (*Mettant l'argent dans sa poche.*) je n'y tiens pas maintenant... (*Beauchevron et Gabrielle paraissent à la porte de leurs chambres*)... Les v'là!

OVIDE, à part.

Elle!.. Mon cœur bat.

SCÈNE HUITIÈME

URSULE, OVIDE, BEAUCHEVRON, GABRIELLE

BEAUCHEVRON, s'avançant, à part.

Je savais bien qu'on ne nous abandonnerait pas... (*Il*

10.

se trouve en face de Gabrielle qui s'est avancée aussi : ils se saluent. Reconnaissant sa femme.) Ah ! *(Se ravisant et voyant Ovide.)* Cet excellent Ovide !

OVIDE, saluant Gabrielle.

Chère madame…! *(Gabrielle s'incline. Beauchevron continue à saluer dans tous les sens et marche sur les pieds d'Ursule, qui est restée assise.)*

URSULE, repoussant Beauchevron.

Faites donc attention ! (*A part*). Vieille girouette !

BEAUCHEVRON, se retournant et saluant profondément.

Oh ! pardon, mad…. *(Reconnaissant Ursule.)* Ursule !.. Dans le salon !.. Sur mon velours !

URSULE, se levant.

Et puis après ?

BEAUCHEVRON

Tu choisis pour t'asseoir là-dessus le jour où on a enlevé les housses ! *(A Ovide.)* Mille pardons, cher ami… *(A Ursule)*. Va-t-en, domestique !

URSULE

C'est bon ! *(Emportant le thé et le paletot d'Ovide.)* Dirait-on pas que ses fauteuils sont faits pour des têtes couronnées ! *(Elle sort. Beauchevron la suit jusqu'à la porte du fond.)*

SCÈNE NEUVIÈME

BEAUCHEVRON, OVIDE, GABRIELLE, puis URSULE.

GABRIELLE, à Ovide.

Comme c'est aimable de vous être dérangé pour si peu!

OVIDE, bêtement gracieux.

Mais je me dérangerais pour moins encore!

GABRIELLE, étonnée.

Plaît-il?

OVIDE, à part.

Elle a l'air froid.

BEAUCHEVRON, redescendant.

A-t-on jamais vu!

OVIDE

Eh bien! c'est donc ce soir que nous allons la pendre?

BEAUCHEVRON

Qui ça? Ursule?

OVIDE

Non. La crémaillère.

BEAUCHEVRON

Ah! très drôle!... Dis-donc, Gabrielle. Il disait... et puis j'ai compris... (*Riant seul.*) Ah! ah!.. On s'amuse déjà... Ah! ah! ah!.. (*S'arrêtant court.*) Qu'est-ce que nous allons faire, maintenant?

GABRIELLE, remontant.

Nos salons étaient pleins tout à l'heure. (*Elle remonte.*

OVIDE

Vraiment?

BEAUCHEVRON

Oui... une foule d'amis... Ils sont partis : ils s'ennuyaient... c'est-à-dire, ils s'amusaient... alors... ils sont partis....

OVIDE

Je serais mal venu de m'en plaindre. (*Il se retourne pour sourire avec intention à Gabrielle, qui est remontée. A part.*) Où est-elle donc passée?

BEAUCHEVRON, bas à Gabrielle qui est venue près de lui.

Il faut absolument qu'il s'amuse.(*Haut à Ovide.*) Mais il en viendra d'autres.

OVIDE

D'autres quoi?

BEAUCHEVRON

Des invités !

GABRIELLE

Sans aucun doute.

BEAUCHEVRON

Les mieux, d'ailleurs. Car, comme je le disais à ma femme, il n'y a que les gens sans usage qui arrivent de bonne heure.... N'est-ce pas, Gabrielle?.. (*Voyant Gabrielle qui lui fait des signes en lui montrant Ovide.*) Hein? (*Comprenant.*) Ah! lui...? Oh! il ne compte pas!

OVIDE, à part.

A tout prix, il faut éloigner le mari. (*Haut.*) Mon cher Beauchevron, j'ai une chose bien importante à vous apprendre.

BEAUCHEVRON

Ah! bien, tant mieux!

OVIDE, à part.

Pourvu que ça prenne !

BEAUCHEVRON, bas à Gabrielle.

Ça va tuer le temps.

GABRIELLE, s'asseyant près du guéridon.

Nous vous écoutons.

BEAUCHEVRON, à part.

Tâchons que ça dure le plus possible. (*Il s'asseoit.*)

OVIDE, s'asseyant aussi.

Mon cher Beauchevron....

BEAUCHEVRON, l'interrompant.

Pardon... (*A Gabrielle.*) Gabrielle! appelle Ursule... (*A Ovide.*) Vous disiez?..

(*Ovide va pour parler.*)

GABRIELLE, appelant.

Ursule!

OVIDE, reprenant.

Mon cher Beauchevron, vous n'êtes pas sans avoir entendu parler....

URSULE, entrant.

Monsieur m'a appelée?

BEAUCHEVRON

Oui. Apporte les gâteaux. (*A Ovide.*) Vous mangerez bien quelque chose? (*Se levant, à part.*) Il faut l'amuser! (*Il remonte avec Ursule jusqu'à la porte du fond.*)

OVIDE, bas à Gabrielle.

Je travaille pour nous. Ne vous étonnez de rien!

GABRIELLE, idem.

Que signifie?

OVIDE, idem.

Chut!

BEAUCHEVRON, bas à Ursule.

Les plus gros et les plus lourds... (*Ursule sort.*) (*Redescendant s'asseoir à sa place, à Ovide.*) Alors?...

OVIDE, reprenant.

Mon cher Beauchevron, vous n'êtes pas sans avoir entendu parler....

URSULE, rentrant avec des assiettes de gâteaux qu'elle place sur le guéridon.

Voilà, monsieur...(*Bas, à Ovide.*)Je vous recommande les massepains; ils sont excellents. (*Remontant, à part.*) Je crois que je les ai tous mangés. (*Elle sort.*)

GABRIELLE, à Ovide.

Continuez.

(Ovide ouvre la bouche pour parler.)

BEAUCHEVRON, lui présentant un gâteau.

Un baba ?

OVIDE

Merci. (*La bouche pleine.*) Vous n'êtes pas sans avoir entendu parler de votre neveu....

BEAUCHEVRON, à Gabrielle.

Soigne-le bien !

GABRIELLE, offrant à Ovide.

Une brioche ?

OVIDE

Merci. (*Mangeant.*) Ce jeune homme se conduit d'une manière déplorable...

BEAUCHEVRON, offrant.

Un flan ?

OVIDE

Merci. (*Mangeant*). Figurez-vous qu'il s'est fait arrêter cette après-midi pour tapage nocturne et flanquer au poste.

BEAUCHEVRON, sans écouter.

Très bien, très bien... (*Mangeant un gâteau; à part.*) Je mange aussi : quand on a la bouche pleine, ça évite les frais de conversation.

OVIDE, continuant.

Alors....

GABRIELLE, offrant.

Un petit chausson ?

OVIDE

Merci... (*Il va pour manger, s'arrête en ayant l'air d'étouffer et met le gâteau dans sa poche.*)... Alors, il attend que vous alliez le réclamer. Il faut partir tout de suite. (*A part.*) Je suis très fort.

BEAUCHEVRON, qui n'a rien écouté.

Partir ?

GABRIELLE

Et nos invités ?

OVIDE, bas à Gabrielle.

Ils ne viendront pas. Chut ! (*Haut à Beauchevron.*) Il y a des circonstances dans la vie... Songez donc qu'il pourrit sur la paille humide ! (*Il se lève.*)

BEAUCHEVRON, se levant aussi.

Qui ?

OVIDE

Votre neveu.

GABRIELLE, se levant.

Il n'a pas de neveu.

OVIDE

Comment? (*A part*). Je me serai trompé.

BEAUCHEVRON

Mais j'ai un oncle.

OVIDE, vivement.

C'est ce que je voulais dire.

GABRIELLE, à Beauchevron.

Ton oncle Chapuzot? Il est mort depuis quatre ans.

BEAUCHEVRON

J'y pensais.

OVIDE, à part.

Manqué!

BEAUCHEVRON, à Ovide.

Vos renseignements sont inexacts; on vous a induit en erreur; mais je ne vous en remercie pas moins…. Qu'est-ce que nous allons faire? (*A part.*) Il n'y a plus de gâteaux.

OVIDE, à part.

Impossible de rester seul avec elle! (*Haut.*) Mes chers amis, votre petite fête est charmante.

BEAUCHEVRON

N'est-ce pas?

OVIDE

Oui, et… je m'en vais.

GABRIELLE

Au moment où les salons vont s'emplir?

BEAUCHEVRON

Vous ne ferez pas ça.

OVIDE

Si... si... je ne me sens pas bien.

GABRIELLE

Raison de plus ! on va vous faire du thé.

OVIDE

Le thé me fait mal.

BEAUCHEVRON

Un peu de chocolat, n'importe quoi. Mais nous ne vous laisserons pas échapper.

OVIDE, à part.

Il m'ennuie.

BEAUCHEVRON

Je veux que vous vous amusiez ; vous resterez, je vous en réponds ! (*Bas à Gabrielle.*) Je vais cacher son paletot. (*Haut*). Je reviens à l'instant : ma femme va vous tenir compagnie. (*Près de la porte du fond, à part.*) Je veux qu'il s'amuse ! (*Il sort.*)

SCÈNE DIXIÈME

GABRIELLE, OVIDE.

OVIDE, à part.

Il s'en va. (*Haut.*) Alors je reste.

GABRIELLE

Vous changez d'idée ?

OVIDE

Parbleu! J'étais venu pour brûler mes vaisseaux, et votre mari me gênait. Il s'absente : je brûle.

GABRIELLE

Vous brûlez?

OVIDE

De la flamme que vos yeux ont allumée dans mon cœur... Avez-vous jamais vu un fleuve qui sort de son lit? Je suis ce fleuve... je sors de mon lit... En un mot, je vous aime !

GABRIELLE

Mais, monsieur,....

OVIDE

J'avais prévu cette réponse. (*Avec emportement.*) Comment, madame! voilà huit mois et quelques heures que je vous fais la cour, et vous ne vous en apercevez pas !... quand tout le monde ici s'en aperçoit !... Vous êtes donc aveugle ? (*Désespéré.*) Aveugle! J'aime une aveugle!

GABRIELLE

Cependant....

OVIDE

Vaines paroles! Vous ne savez pas jusqu'où va mon amour. Depuis huit mois, madame, je baise la trace de vos pas : hier encore, dans l'escalier, j'étais derrière vous; je montais à quatre pattes et j'embrassais toutes les marches! Toute la journée, je vous avais suivie...

GABRIELLE

En vérité !

OVIDE

... Non, en voiture... à l'heure, madame ! Et vous repousseriez ma flamme ?.. Quand je pense qu'ici tout le monde m'adore ! excepté vous... Je suis devenu l'inséparable de votre mari... Croyez-vous que ça m'amuse ? Et sa partie de piquet que je perds tous les soirs ! Croyez-vous que ce soit toujours facile de perdre avec lui ?... Il joue comme une pantoufle.

GABRIELLE

Vous insultez Procope !

OVIDE

Non, je le vénère. Mais ne parlons pas de lui. Ne parlons que de cette passion......

GABRIELLE

Comment puis-je y croire ?

OVIDE

Il vous faut des preuves ? Savez-vous pourquoi vos invités n'arrivent pas ce soir ? Eh bien ! je voulais à tout prix un tête-à-tête avec vous : les lettres d'invitation, je ne les ai pas mises à la poste !

GABRIELLE

Est-il possible !

OVIDE

Je comptais, pour éloigner votre mari, sur l'histoire du neveu. Il n'a pas de neveu. Ce n'est pas ma faute !

GABRIELLE, indignée.

Comment, monsieur ! On vous confie des lettres et vous les gardez !

OVIDE

Je rapporte les timbres... Et maintenant, m'aimez-vous? (*Il va vers elle.*)

GABRIELLE

Ne m'approchez pas, ou j'appelle !

OVIDE

Vous n'appellerez pas !

GABRIELLE

Alors, je sonne.

OVIDE, passant et mettant la main sur la sonnette.

Vous ne sonnerez pas. Moi vivant, vous ne toucherez pas à cette sonnette ! (*Il fait un grand geste et tire la sonnette qui retentit bruyamment.*)

GABRIELLE

Maladroit ! Qui vous dit que j'aurais sonné ?

OVIDE, satisfait.

Oh ! !

SCÈNE ONZIÈME

LES MÊMES, BEAUCHEVRON, puis URSULE.

BEAUCHEVRON, entrant effaré.

On a sonné ?.. Les invités sans doute ? (*A Ovide*). Vous voyez que j'ai bien fait de vous retenir ! (*A part.*) J'ai caché son paletot dans la fontaine.

URSULE, *entrant.*

Monsieur! monsieur!

BEAUCHEVRON

Eh bien?

URSULE

C'est personne.

BEAUCHEVRON

Allons donc! On a sonné : ce devait être quelqu'un.

URSULE

Je vous dis que non. J'ai regardé.

BEAUCHEVRON

Les Castagnol, peut-être! Des méridionaux : le sang vif, pas de patience : ils seront redescendus avant qu'on n'ouvre. Mon paletot, Ursule, vite!

URSULE

Le paletot, à présent! Quelle baraque! (*Elle sort.*)

OVIDE, à part, joyeux.

Il repart.

GABRIELLE, à Beauchevron, avec empressement.

Tu vas sortir?

BEAUCHEVRON

Je vais tâcher de rattraper les Castagnol. Reste avec Ovide, et retiens-le.

URSULE, rentrant, un paletot à la main.

Le paletot de monsieur.

BEAUCHEVRON, mettant le paletot, aidé par Ursule.

Il ne sera pas dit qu'on n'aura pas vu du monde chez les Beauchevron!... (*S'efforçant d'entrer dans le paletot.*) Dieu ! que c'est étroit !

URSULE

Poussez, monsieur, poussez !

BEAUCHEVRON

Je ne peux pas... (*Parvenant à le mettre.*) J'ai donc engraissé ?... (*Voyant les manches qui lui viennent au coude.*) Non, j'ai grandi.... Eh bien ! mes enfants...

GABRIELLE, vivement.

Adieu, mon ami.

OVIDE, idem.

Bonsoir.

BEAUCHEVRON

Dans quelques minutes...... (*Il fouille machinalement dans la poche du paletot et en tire un paquet de lettres dont quelques-unes tombent à terre.*) Tiens ! des lettres...

GABRIELLE, ramassant celles qui sont tombées.

Les lettres d'invitation !

BEAUCHEVRON

Dans mon paletot ?

OVIDE, bas à Gabrielle.

C'est le mien.

URSULE, à Ovide.

Le vôtre ?

OVIDE

Veux-tu te taire !

GABRIELLE, à part.

Il s'est trompé de paletot ! Nous sommes perdus.

BEAUCHEVRON, examinant les lettres.

En effet, ce sont nos lettres.... Comment se fait-il ?

OVIDE, à Beauchevron.

Vous ne les avez donc pas jetées à la poste ?

BEAUCHEVRON

Je vous les avais données pour ça.

OVIDE

Jamais de la vie ! (*Bas à Gabrielle.*) De l'audace !

GABRIELLE, à Beauchevron.

Tu ne sais donc pas ce que tu fais ?

URSULE

Est-il bête !

BEAUCHEVRON, réfléchissant.

Après tout, c'est bien possible... Ah ! mais j'y pense...

LES AUTRES

Quoi donc ?

BEAUCHEVRON

Alors, il ne viendra personne.

GABRIELLE

C'est probable.

OVIDE, à part.

Il ne s'en va pas !... Quel crampon !

BEAUCHEVRON

J'aime autant ça : nous allons rester ensemble.

URSULE

Et le souper ?

BEAUCHEVRON

Le souper? Nous le mangerons... Mon rêve! Nous pendrons la crémaillère en famille (*Prenant Gabrielle et Ovide, chacun sous un bras*), à nous trois !

Fin

UN PROVERBE DE SALON

Un acte en prose

Par M. Jules DE MARTHOLD

PERSONNAGES

LE COMTE.
LA MARQUISE.
LOUISETTE.
JEAN.

UN PROVERBE DE SALON

Petit salon de la plus coquette élégance et du goût parisien le plus délicat. — Porte au fond et à gauche. — A gauche, table avec ce qu'il faut pour écrire, et verre d'eau. — A droite, fenêtre et cheminée-fenêtre. — Devant la cheminée, causeuse.

SCÈNE PREMIÈRE

LA MARQUISE, entrant de gauche, appelant.

Louisette...! Louisette...! — Voici mes lettres d'invitation faites. — Ah! j'oubliais... ma meilleure amie... (*A la table, écrivant et lisant à mesure.*) « Chère Marguerite. » — (*Parlé.*) Puisque je n'ai pour ce soir ni bal ni spectacle! (*Ecrivant.*) « Je viens d'improviser une « soirée » (*Parlé.*) qui sera charmante, j'en suis sûr! (*Ecrivant.*) ... « une soirée avec Proverbe du Comte. — « Je vous attends; n'allez pas me manquer, surtout, car, « si vous n'y étiez, que deviendraient mes salons et « notre comédie *dell'arte?* Arrivez de bonne heure. « Votre amie... » (*La lettre sous enveloppe, en lisant la suscription.*) « Madame de Luceny. » (*Elle se lève.*) Maintenant... (*Sonnant.*) Louisette!

SCÈNE DEUXIÈME

LA MARQUISE, LOUISETTE.

LA MARQUISE, lui remettant le paquet de lettres avec lequel elle est entrée.

Dites à Jean de porter ces lettres à leur adresse, lui-même et immédiatement, d'aller me chercher le Comte, tout de suite ; j'ai besoin de le voir sur-le-champ, il faut qu'il vienne. (*Elle sort.*)

SCÈNE TROISIÈME

LOUISETTE

Immédiatement... Tout de suite... Sur-le-champ... Il faut...! Peste ! c'est pressé. — Ah ! ça, Madame croit donc que le Comte n'a rien à faire et qu'il attend... chez lui qu'elle l'envoie chercher... — Enfin !—D'ailleurs, autant qu'il s'occupe de Madame que de chevaux. Les chevaux, c'est son dada, à lui : les blancs, les noirs, les gris, les roux, les barbe... qui sont ses favoris... (*Rêveuse.*) Barbe ? Qu'est-ce que ça peut donc bien être que cette couleur-là ? Je lui demanderai ; si c'est joli, je me ferai faire une robe barbe. — Et... quelles sont ces lettres ? (*Lisant les adresses.*) Madame de Ferney... une femme qui mène son mari. — Madame de Luciennes... jolie, mais bête. Une tulipe ! — Madame d'Arquenay-Labredor... une nouvelle connaissance ! Madame la députée ! On est tout feu tout flamme. — Madame d'Avenour

(*Langoureuse et minaudière.*) L'amour ! L'amour ! L'amour !... Sur tous les tons... majeurs. — Ah ! Madame la comtesse de Luceny ! L'amie du cœur. Pas sotte, la Marguerite, mais trop bavarde. — Quel grelot ! (*Allant aux portes s'assurer qu'on ne la peut surprendre.*) Elle déteste les chevaux, la bonne dame, aussi est-elle à couteau tiré avec le Comte... «à cravache levée», comme elle dit... Le Comte, moi, je l'aime beaucoup, parce qu'il aime beaucoup Madame... et que ça me profite... des deux côtés. — Voyons donc ce qu'elle lui dit, ma chère maîtresse, à sa bonne amie le grelot ? (*Regardant dans la lettre et lisant avec peine.*) « Chère Marguerite. » — Quel griffonnage, bon Dieu ! J'écris mieux que ça... (*Lisant.*) « Je viens d'improviser une soirée. » — Encore ! Elle a le diable au corps ! Je vous demande un peu si elle ne ferait pas mieux de se reposer... et moi aussi. Enfin ! les maîtres ne peuvent pas être parfaits !— (*Lisant.*) « Un... Proverbe... du Comte... » — Comment ! un Proverbe du Comte !... et je ne le sais pas ! A quoi Madame pense-t-elle, bon Dieu ! (*Elle sonne un coup de timbre.*) Au fait, c'est deux coups pour Jean. (*Second coup.*)

SCÈNE QUATRIÈME

LOUISETTE, JEAN.

JEAN

Madame a sonné ?

LOUISETTE

Non, c'est moi.

JEAN, se récriant, prêt à sortir.

Ce n'est pas Madame?

LOUISETTE

C'est de sa part. Tenez, portez ces lettres !

JEAN

A la poste, très bien. (*Il va pour sortir.*)

LOUISETTE

Non, Monsieur, pas à la poste, à leur adresse, si vous le voulez bien... Et ce n'est pas tout.

JEAN

Encore...

LOUISETTE

Etes-vous paresseux !

JEAN, prétentieux.

Eh bien, mais... c'est une occupation de dilettante, la paresse.

LOUISETTE

Vous passerez chez monsieur le Comte.

JEAN

Ah !

LOUISETTE

Demandez à le voir et dites-lui que Madame l'attend, l'attend impatiemment, qu'il vienne, qu'il accoure. — Vous pourrez ajouter que c'est pour le Proverbe. (*A part.*) Puisque je le sais !

SCÈNE CINQUIÈME

JEAN, LOUISETTE, LA MARQUISE.

LA MARQUISE

Encore là ?

LOUISETTE, à Jean.

Allez. (*Jean sort.*)

SCÈNE SIXIÈME

LA MARQUISE, LOUISETTE.

LA MARQUISE

Demeure, Louisette. (*Elle s'étend sur la causeuse.*) Comment vais-je m'habiller, dis ?

LOUISETTE, étourdiment.

Ça dépend de votre rôle, Madame.

LA MARQUISE

Comment, mon rôle ? D'où savez-vous... ?

LOUISETTE, à part.

Aïe ! (*Avec audace.*) Madame parlait tout haut, quand je suis entrée.

LA MARQUISE

Du tout, je ne parlais pas.

LOUISETTE

Ça arrive quelquefois. On parle sans savoir ce qu'on dit. (*A part.*) Autrement, on se tairait, la plupart du temps.

LA MARQUISE

Eh bien, et ma toilette?

LOUISETTE

Comme il vous plaira, Madame. (*A part.*) Si je lui conseille blanc, elle voudra noir.

LA MARQUISE

Enfin, donne-moi un avis.

LOUISETTE

Madame serait charmante en bleu.

LA MARQUISE

Tu crois?

LOUISETTE

Oui.

LA MARQUISE

Es-tu sûre ?

LOUISETTE

Est-on jamais sûre de rien, Madame ?

LA MARQUISE

Je préfère le mauve.

LOUISETTE, à part.

Là !

LA MARQUISE

Le bleu... c'est porcelaine du Japon, c'est...

LOUISETTE

Mettez-vous en mauve.

LA MARQUISE

Oui, tu as raison.

LOUISETTE

Ce n'est pas sûr.

LA MARQUISE, sans l'écouter.

C'est délicieux, le mauve.

LOUISETTE

Ça dépend des goûts.

LA MARQUISE

Tu n'aimes pas cela ?

LOUISETTE

A parler franc, Madame, il y a mieux. (*A part.*) Le barbe !

LA MARQUISE

Je suis de ton avis. Qu'est-ce qui m'irait bien ?

LOUISETTE

Le jaune.

LA MARQUISE

Oh ! Je suis veuve

LOUISETTE, vivement.

Nous avons encore le vert, le gris, le brun, le rouge, le citron..., sans compter le panaché.

LA MARQUISE

Tu dis...?

LOUISETTE

Rien, Madame.

LA MARQUISE

Ah! tiens, j'aime encore mieux...

LOUISETTE

Le bleu, n'est-ce pas?

LA MARQUISE

Oui.

LOUISETTE

Ça devait arriver!

SCÈNE SEPTIÈME

LA MARQUISE, LOUISETTE, JEAN.

JEAN

Mais j'arrive aussi, Madame, j'arrive aussi.

LA MARQUISE

Vous n'avez rien à me dire?

JEAN

Non, Madame.

LA MARQUISE

C'est bien.

JEAN, *fausse sortie, rentrant.*

Ah! Madame, monsieur le Comte était sorti.

LA MARQUISE

Sorti ! Et vous ne m'en parliez pas !

LOUISETTE

Ces domestiques sont tous les mêmes!

LA MARQUISE

Avez-vous demandé, au moins, quand il rentrerait ?

JEAN

Non, Madame, non.

LOUISETTE

C'était justement ce qu'il fallait savoir !

LA MARQUISE

Comment faire ?...

LOUISETTE

Que Jean retourne chez monsieur le Comte, Madame, avec une lettre.

LA MARQUISE

Oui, tu as raison. (*Elle écrit.*)

JEAN, bas à Louisette.

Moi qui lisais ma *Revue des Deux-Mondes !*

LOUISETTE

Eh bien, ça vous réveillera ; c'est à côté, d'ailleurs.

LA MARQUISE, donnant la lettre à Jean.

Très pressée.

JEAN

J'y cours, Madame. (*A part.*) Pressé, je t'en sou-
haite ! (*Il sort avec Louisette qui le pousse.*)

SCÈNE HUITIÈME

LA MARQUISE.

Quel ennui que Jean n'ait pas trouvé le Comte !
Pourvu qu'il vienne ! Oh ! il viendra ; il n'y a aujour-
d'hui de courses nulle part ; il me l'eût dit hier, car il ne
manque jamais de m'assassiner de ses chevaux. Il a de
l'esprit, pourtant, beaucoup d'esprit... quand il parle
d'autre chose. — Il se moque de la comtesse de Luceny, qu'il trouve bavarde : pauvre Marguerite ! il l'a
surnommée le Grelot... Avec cela qu'il n'est pas assom-
mant, lui, lorsqu'il entame son éternel chapitre ! Parler
haras à une femme ! Palefrenier, va ! — Mais Jean ne
revient pas... Je commence à être d'une inquiétude...!
Ah ! (*A Jean qui entre.*) Eh bien ?

SCÈNE NEUVIÈME

LA MARQUISE, JEAN.

JEAN

Madame, j'ai remis la lettre.

LA MARQUISE

Le Comte n'était pas rentré?

JEAN

Et il ne rentrera pas de bonne heure... s'il rentre aujourd'hui.

LA MARQUISE

S'il...

JEAN

Monsieur le Comte est parti ce matin.

LA MARQUISE

Parti !

JEAN

Il est allé aux courses, à ce qu'on m'a dit, ou quelque part d'approchant, je n'ai pas très bien compris... Enfin, à la marche.

LA MARQUISE

Courses à la Marche ! Tout est perdu !

JEAN

Sorti à pied, ça m'a étonné ; monsieur le Comte qui
ne va jamais qu'à cheval... mais enfin !

LA MARQUISE

C'est bien. (*Jean sort.*)

SCÈNE DIXIÈME

LA MARQUISE

Que ne l'ai-je envoyé chercher avant de faire distribuer
mes invitations ! Décommander ma soirée est chose impossible ; si je n'avais invité que des indifférents, encore..., mais j'ai prié des intimes... Et les intimes...! —
On va penser que le Comte m'a fait annoncer un Proverbe qu'il n'a pu faire ! Que va dire la comtesse de
Luceny ? Je vais faire passer le Comte pour un homme
ridicule ! — A tout prix, il faut que je le sauve du danger qu'il court... sans s'en douter, le malheureux ! (*S'asseyant à la table.*) Voyons...? Un Proverbe...? Ça ne doit
pas être si difficile à faire, tout le monde fait le sien...
(*Rêvant.*) Si... si je mettais un jeune homme, Léon,
amoureux fou d'une jeune fille, Jeanne, qui en aimât un
autre, Fabrice ; que cet autre en aime une autre aussi,
Mathilde, et l'épouse ; que celle qui aime celui qui vient
de se marier épouse, de dépit, le premier venu ; mon
héros se tuerait, pauvre Léon ! Cela va tout seul. Oui
mais... ça manque de gaieté et ça n'a rien d'un Proverbe ! (*Elle rêve un temps.*) Je resterais trois heures devant cette table sans rien trouver ! (*Se levant.*) Ah !
sotte rage de vouloir monter des comédies de société !

SCÈNE ONZIÈME

LA MARQUISE, LOUISETTE.

LOUISETTE

Madame est servie.

LA MARQUISE

Déjà?

LOUISETTE

C'est plus tard qu'à l'ordinaire, Madame.

LA MARQUISE

Comment cela?

LOUISETTE

Il est sept heures.

LA MARQUISE

Sept heures!

LOUISETTE

Passées même.

LA MARQUISE

Sept heures! Ah! Louisette, tu me vois désolée! Figure-toi que j'ai invité du monde pour ce soir, beaucoup de monde!

LOUISETTE

Je ne vois rien là de si désolant; Madame aime beaucoup le monde.

LA MARQUISE

On va venir, Louisette, et Jean n'a pas trouvé le
Comte, tu le sais !

LOUISETTE

Oui, Madame.

LA MARQUISE

Il est à la Marche ; je ne pourrai le voir aujourd'hui.

LOUISETTE, très tranquille.

Madame le verra demain.

LA MARQUISE

Demain ! Y songes-tu ? Il sera bien temps !

LOUISETTE

Dirait-on pas, à vous entendre, Madame, que vous
ne puissiez vous passer de lui.

LA MARQUISE

Mais... mon Proverbe !

LOUISETTE, à part.

Tiens, c'est vrai, le Proverbe. (*Haut.*) Eh bien, Madame ?

LA MARQUISE

Si le Comte ne vient pas ?

LOUISETTE

Vous le remplacerez... par une doublure ; vous
jouerez la pièce sans lui.

LA MARQUISE

Quelle pièce ?

LOUISETTE

Parbleu, Madame, mais celle qu'il a faite.

LA MARQUISE

Mais il n'a rien fait du tout ! J'ai eu la sottise d'annoncer un Proverbe de lui avant de l'envoyer mander : il était à la campagne, je n'ai pas de Proverbe.

LOUISETTE, se récriant.

Vous n'avez pas de Proverbe !

LA MARQUISE

Hélas non !

LOUISETTE, même jeu.

Quel malheur !

LA MARQUISE

C'est affreux !

LOUISETTE, même jeu.

C'est votre faute, Madame !

LA MARQUISE

Cela ne me console pas, Louisette !

LOUISETTE

Vous n'aviez qu'à être plus prudente.

LA MARQUISE

Que je suis chagrinée !

LOUISETTE

Je n'y puis rien.

LA MARQUISE

Je ne sais que faire !

LOUISETTE

Ni moi non plus.

LA MARQUISE

J'en serai malade !

LOUISETTE

Il n'y a que cela à faire ou bien...

LA MARQUISE

Ou bien ?

LOUISETTE

Il y a un moyen encore plus simple de tout réparer.

LA MARQUISE

Un moyen ! Tu me sauves la vie. — Ton moyen...?

LOUISETTE

Quand une tuile tue un homme — ou une femme — en tombant, on enterre l'homme — ou la femme — et on replace la tuile.

LA MARQUISE

Eh bien ?

LOUISETTE

Replacez la tuile, Madame, faites vous-même un Proverbe.

LA MARQUISE, désappointée.

Je l'ai vainement essayé !

LOUISETTE

Remettez-vous à l'ouvrage.

LA MARQUISE

Je suis trop fort troublée !

LOUISETTE

Alors dînez, Madame ; cela est souverain pour remettre les esprits.

LA MARQUISE

Je n'ai pas faim.

LOUISETTE

Puisque vous ne voulez point entendre, Madame, faites comme il vous plaira, je vous abandonne. (*Elle sort*).

SCÈNE DOUZIÈME

LA MARQUISE, agitation toujours croissante.

Sept heures et demie ! On va venir ! (*Avec un cri.*) Ah ! (*Elle tombe sur la causeuse et prend son flacon.*) Et ma toilette ? (*Elle se lève et arpente la scène à grands pas en s'éventant, puis se fait un verre d'eau où elle met, sans y prendre garde, sept ou huit morceaux de sucre et s'éloigne sans y toucher.*) J'en ferai une maladie ! (*Appelant.*) Louisette ! (*On entend carillonner.*) Qui peut sonner de la sorte ? (*Elle tombe anéantie sur la causeuse.*) Voilà le grand moment ! (*Un temps. — Silence.*)

12.

JEAN, dans la coulisse.

Monsieur, Madame est dans son boudoir.

LA MARQUISE, se levant.

Serait-ce le Comte ? (*Elle s'élance vers la porte et s'y trouve alors qu'elle s'ouvre.*)

SCÈNE TREIZIÈME

LA MARQUISE, LOUISETTE, LE COMTE.

LOUISETTE, accourant.

Madame, Madame, c'est monsieur le Comte !

LA MARQUISE

Lui ! Sauvée ! Sauvée ! Merci, mon Dieu !

LE COMTE, entrant.

Bonjour, Marquise. (*Louisette sort.*)

SCÈNE QUATORZIÈME

LA MARQUISE, LE COMTE.

LE COMTE, essoufflé.

Ah ça ! Marquise, que signifie tout ce qui se passe ?

LA MARQUISE

Vous avez trouvé ma lettre ?

LE COMTE

Quelle lettre ?

LA MARQUISE

Celle que j'ai fait remettre chez vous, tout à l'heure.

. LE COMTE

Je ne viens pas de chez moi. Ce matin, j'ai manqué le train — mes chevaux sont tous malades — et je n'ai pu aller à la Marche. Furieux du contre-temps, je suis monté passer ma rage... Oh! vous ne vous douteriez jamais chez qui... chez la comtesse de Luceny.

LA MARQUISE.

Chez...?

LE COMTE

Oui. Chose étonnante !... elle fut aimable.

LA MARQUISE

Avec vous ?

LE COMTE

Avec moi... Et, quoique toujours d'avis contraire, nous causâmes longtemps. Sentant l'appétit venir avec l'heure, je me levai pour partir. Alors seulement elle m'apprit tout... en me montrant votre lettre qu'elle venait de recevoir. Aussitôt, je piquai des deux et me voici.— Expliquez-moi le mot de l'énigme : que signifie ce... Proverbe que je n'ai pas fait et à la représentation duquel vous conviez... tout Paris ? Ce n'est point aujourd'hui le premier avril ?

LA MARQUISE, embarrassée.

Mon Dieu...

LE COMTE

Eh bien ?

LA MARQUISE

Je ne savais que faire ; j'avais en perspective un tête à tête avec mon miroir...

LE COMTE

J'aurais bien voulu être ce miroir-là.

LA MARQUISE

Oh ! Monsieur de Saint-Gobin ! — Il est impossible d'improviser un bal, j'eus l'idée de... monter un Proverbe et... je pensai à vous.

LE COMTE

Merci.

LA MARQUISE

Seulement, j'eus l'imprudence de ne vous envoyer chercher qu'après avoir fait mes invitations et... vous étiez parti.

LE COMTE

De sorte que... vous n'avez pas de Proverbe ?

LA MARQUISE

Dam...

LE COMTE

Non ? — Alors... il vous en faut un ?

LA MARQUISE

Dam...

LE COMTE

Oui. — C'est que nous n'aurons guère le temps. (*Il s'assied devant la table et s'absorbe.*)

LA MARQUISE, vivement.

Si vous saviez, si vous pouviez comprendre quelle journée j'ai passée ! Il en faudrait peu de semblables pour vieillir une femme de dix ans ! Quel bonheur que vous n'ayez pu partir ! (*S'éloignant, à part.*) Mais il rêve, il cherche... il travaille.

LE COMTE, sortant de sa rêverie.

C'était un pur sang !

LA MARQUISE

Et ce Proverbe ! A quoi pensez-vous donc ?

LE COMTE

A un cheval superbe que j'ai vu ce matin.

LA MARQUISE

Toujours !

LE COMTE

C'est ce qui m'a retardé, précisément, et fait manquer l'heure du...

LA MARQUISE

De Charybde en Scylla ! — Un cheval vous empêche d'aller aux courses !

LE COMTE

Si vous l'aviez vu comme moi, Marquise, vous en seriez enthousiasmée. Quel maintien, quelle souplesse, quelle grâce !

LA MARQUISE

On croirait que vous parlez d'une danseuse.

LE COMTE

Oh ! Le cheval avait de l'expression. (*Grimaçant un sourire prétentieux.*) Il ne... souriait pas. (*Changement de ton et d'idée.*) Un Proverbe...! Franchement, je n'y ai pas du tout l'esprit. Ce n'est pas si aisé ; ça ne se trouve pas...

LA MARQUISE

Sous le pas d'un cheval.

LE COMTE, piqué.

Je ne sais qu'imaginer... (*A part,*) et j'ai une faim ! (*Il a considéré le verre d'eau sucrée ; il y met les lèvres et, le reposant.*) Pouah ! Quel sirop ! (*Se retournant vers la marquise qui se farde à la cheminée.*) On fait son teint ?

LA MARQUISE

Faites donc mon Proverbe.

LE COMTE

Vous voulez jeter de la poudre aux yeux. (*Signe d'impatience de la Marquise. — Le Comte prend un crayon et dessine. — Silence.*)

LA MARQUISE, qui s'est approchée sans bruit.

Que faites-vous là ?

LE COMTE, tressaillant.

Ah !

LA MARQUISE

La caricature de madame de Luceny ! — Taquin !
vous savez pourtant que je l'aime beaucoup.

LE COMTE

Votre amitié pour elle est inconcevable.

LA MARQUISE

Elle est charmante.

LE COMTE

Insupportable ! Un grelot !

LA MARQUISE

Ah ! voilà votre grand mot : le Grelot !

LE COMTE

Sans doute, le Grelot ! Est-elle assez bavarde ! — Elle
est comme ces musiques, vous savez... (*Faisant geste de
remonter une pendule.*) une fois lancée, brrrr... M'en a-
t-elle débité, tout à l'heure ! Elle m'a étourdi ; je vois
passer de grandes arabesques et j'entends un bourdon-
nement... C'est à avoir le mal de mer.

LA MARQUISE

Brr ! Brr ! — Et vous donc, quand vous êtes sur vos
chevaux ! Vous ne vous arrêtez plus, vous prenez le
mors aux dents.

LE COMTE

Si vous parlez ainsi continuellement, jamais je ne
parviendrai à aligner deux mots sur une idée. Il faut le
silence, le calme pour...

LA MARQUISE

Pour tirer une contre-épreuve de madame de Luceny

LE COMTE

C'était pour m'inspirer.

LA MARQUISE

Voyons, travaillez ; je ne dirai plus rien. (*Elle prend un livre.*)

LE COMTE

Quel livre prenez-vous là, Marquise ?

LA MARQUISE

Je ne sais pas.

LE COMTE

Regardez-y.

LA MARQUISE

Qu'est-ce que ça vous fait ? (*Lui tendant le livre.*) Tenez, curieux !

LE COMTE

Comment...! C'est chez vous que je l'avais oublié...? Moi qui l'ai cherché partout dans ma bibliothèque, l'autre matin.

LA MARQUISE

Ce livre est à vous ?

LE COMTE

Oui. — Lisez, lisez... Fort intéressant — un livre rare —il y a un passage, surtout... Attendez... (*Feuilletant.*) Ah! — « De l'influence du cheval sur l'amour. »

LA MARQUISE, lui arrachant le livre.

Elle a de beaux effets !

LE COMTE

Donnez donc !

LA MARQUISE

Du tout, vous ne l'aurez pas. (*Le Comte fait une cocotte en papier.*) Quittez plutôt cette table ; vous avez l'air d'un écolier en pénitence.

LE COMTE, défendant la cocotte que la Marquise veut lui prendre.

Ne l'abimez pas, vous la mettrez sur votre étagère ! (*Se levant.*) Quant à moi, écoutez, je n'en peux mais. — Ma tête est vide ! (*Il se promène silencieux par la chambre.*)

LA MARQUISE

Oh ! Qu'ai-je annoncé cette Soirée !

LE COMTE

Que voulez-vous, Marquise ! c'est votre faute ! On ne vend pas ainsi la peau de l'ours avant de l'avoir tué. (*Un temps.*) Eh ! mais...! Attendez donc...! n'y aurait-il pas là... notre affaire...? La peau de l'ours... Si, parbleu ! Ah ! Marquise, eurèka ! eurèka !

LA MARQUISE

Vous avez trouvé ?

LE COMTE

Un sujet charmant : vous aurez le principal rôle.

LA MARQUISE

Votre idée...?

LE COMTE

Vous ne la devinez pas ?

LA MARQUISE

Non.

LE COMTE

Cherchez.

LA MARQUISE

Voyons ! ne me faites pas *p'* attendre !

LE COMTE

La langue vous a tourné.

LA MARQUISE, impatientée.

Ça arrive à tout le monde.

LE COMTE

Excepté à la comtesse de Luceny ! (*Faisant de nouveau le geste de monter une pendule.*) Elle ne se dérange jamais !

LA MARQUISE

Mais, cette idée ?

LE COMTE

Comment ! vous ne voyez pas ?

LA MARQUISE

Je vous ai déjà dit que non.

LE COMTE

Vous renoncez ?

LA MARQUISE

Vous m'agacez.

LE COMTE

Eh bien, nous jouerons ce soir à votre public tous
vos ennuis de la journée.

LA MARQUISE

L'excellente idée, et que je vous remercie !

LE COMTE

Vous vous farderez en scène... comme tout à l'heure...
pour faire devant tout le monde et bien franchement ce
que madame de Luceny fait, en cachette, devant tous
ses miroirs.

LA MARQUISE

Méchant !... Et moi qui ne suis point habillée encore...!

LE COMTE

Habillée ! Il ne faut pas non plus que vous le soyez ;
ce ne serait plus dans la vraisemblance.

LA MARQUISE

C'est juste.

LE COMTE

D'autant que je n'ai moi-même pas d'habit sous la
main... Et l'habit noir est de rigueur dans la comédie-
proverbe, avec tout ce qu'il faut... pour ne pas écrire,
bien qu'Aristote n'en dise rien. — Mais, à mon tour de
vous demander...

LA MARQUISE, avec élan.

Oh! tout ce que vous voudrez!

LE COMTE, souriant, après un temps.

Je n'ai pas dîné.

LA MARQUISE

Ni moi.

LE COMTE

Je meurs de faim.

LA MARQUISE

Tiens! moi aussi. (*Regardant à la pendule.*) C'est que nous n'aurons jamais le temps...

LE COMTE, regardant sa montre.

En effet...! Pourtant, il faut manger...

LA MARQUISE

Dame...

LE COMTE

Ah! ne vous inquiétez plus. Nous intercalerons un souper dans notre comédiette, avec menu à désespérer les spécialistes... et les spectateurs.

LA MARQUISE

Comte, vous êtes un grand homme!

LE COMTE

La faim fait trouver les moyens! — Et, en fait de fin, au dénouement, pour que ça ait tout à fait l'air d'une pièce, vous pouvez très bien... m'accorder votre main.

LA MARQUISE

Oh ! Pour cela, non.

LE COMTE

Comment..!

LA MARQUISE

Je ne veux pas me remarier, même en Proverbe.

LE COMTE

Oh! Je n'insiste pas ! (*A part, mais tout haut.*) Qui persiste n'insiste. (*On entend sonner.*)

LA MARQUISE

C'est Marguerite. (*On entend parler dans la coulisse.*)

LE COMTE

Madame de Luceny! Elle a le coup de sonnette bavard. Brrrr...! — Je vais m'amuser à lui dire ses vérités, ce soir, en public, et nous la ferons paraître au dénouement (*Riant.*) pour saluer... Un rôle muet, à elle! — Ça lui apprendra l'influence du silence sur la conversation.

SCÈNE QUINZIÈME

LE COMTE, LA MARQUISE, LOUISETTE.

LOUISETTE, annonçant.

Madame la comtesse de Luceny. (*Elle descend en scène, à droite.*)

LA MARQUISE, bas au Comte.

Elle vient savoir le mot de l'énigme.

LE COMTE, même jeu.

Pas un mot ! Elle éventerait notre spectacle !

LA MARQUISE, même jeu.

Je vous en prie, ne soyez pas trop cruel.

LE COMTE, froissant la feuille sur laquelle il a dessiné la caricature
et la jetant au feu.

Elle se reconnaîtrait ! (*La Marquise va à la porte et
salue.*)

LOUISETTE, bas et timidement au Comte.

Monsieur le Comte, est-ce une jolie couleur, le barbe?
(*Le Comte demeure ébahi par cette question et Louisette
interdite. — Au fond, la Marquise salue toujours.*)

Fin.

LE VIOLON

Monologue, en vers,

Par M. Charles CROS.

A CONSTANT COQUELIN.

LE VIOLON

Je vais vous conter mon histoire :
Je suis un homme très heureux.
A dix ans, au Conservatoire,
Sur trois prix, j'en obtenais deux.
Mais bien plates étaient mes poches ;
Mon soulier bâillait du talon
Et je dînais... de triples croches !
Je comptais sur mon violon.

Mes camarades, pauvres hères,
Raclant les boyaux sur le bois,
Comme moi vivaient de chimères.
Que faire avec cent francs par mois ?
(Dans les théâtres de banlieue
Nous n'avions pas plus). C'était long
D'aller là-bas. Plus d'une lieue,
En trimballant son violon.

Quoiqu'artiste, je suis pratique ;
Et dès ce moment, je me dis
Qu'avec la gamme chromatique
Je restais maigre en mon taudis.
— « Gagnons par une autre méthode

« De quoi m'assurer le bouillon :
« Quand j'aurai du bœuf à la mode
« Je reprendrai mon violon. »

J'avais une excellente armoire :
J'y mis mon instrument sous clé,
La clé dans la Seine, à nuit noire...
Sans quoi j'aurais encor raclé.
Mes amis, croupis dans la gêne,
Me traitaient de bourgeois fêlon.
Mais plus d'un est mort à la peine,
Ayant vendu son violon.

Je pris le taureau par les cornes;
Je me fis garçon épicier.
Violon, au charme sans bornes,
J'y gagnai plus qu'à te scier !
Je mangeais de la soupe, en masse,
Du bon bifteck et du pain blond.
Cela fait la jambe plus grasse
Que de jouer du violon.

Oh ! j'ai peiné d'abord. Le sucre
Etait petit ; et bien des fois
Je maugréais, cassant du sucre.
Je me cognais toujours les doigts ;
Mes doigts, qui jadis avec grâce,
Tenaient l'archet sûr et d'aplomb,
Je les trempais dans la mélasse !
Je regrettais mon violon.

Ah ! le commencement fut rude !
Un jour le patron m'a surpris

Dans une bizarre attitude.
(L'art vous poursuit tant à Paris!)
Distrait par un chant dans la rue,
Je tenais, d'un air d'Apollon,
Le petit bout d'une morue,
Comme un manche de violon !

Mais je me suis fait au commerce ;
Avec beaucoup d'honnêteté
Et de zèle, toujours on perce.
Je mettais même de côté.
Le patron, pour une échéance.
Ayant besoin de picaillon,
Je lui prêtai, de confiance,
Dix fois le prix d'un violon.

Mon patron avait une fille
Très forte en comptabilité,
Mais avec cela fort gentille.
J'étais jeune ; je fus tenté.
Pour réussir dans cette affaire
Mon prêt était un bon jalon.
Oh! j'aurais su plus tôt lui plaire
Si j'avais eu mon violon.

Enfin, vous comprenez la suite :
(Le commerce exclut-il l'amour ?)
Je fus associé très vite,
Et le patron me dit un jour :
Voici que ma fortune est faite.
Je vais demeurer près d'Ablon.
Prends ma boutique et ma fillette
Ça vaut mieux que ton violon.

Alors la noce, et puis la lune
De miel ; voici de ça dix ans ;
Que je suis heureux ! Ma fortune
Est faite ; et puis, j'ai trois enfants.
L'aîné cependant me chagrine :
(Il chasse de race, l'aiglon !)
Je l'ai pris chez une voisine,
Ce soir, jouant du violon.

Je l'ai ramené par l'oreille.
(Il jouait très bien, le gaillard !)
C'est moi, maintenant, qui m'éveille,
J'appartiens désormais à l'art.
Aussi, je vais vous faire entendre
Mon meilleur morceau de salon ;
C'est du Rossini, vif et tendre.
O mon rêve ! ô mon violon !

(Il ouvre l'étui.)

Voici vingt ans que tu sommeilles
Muet, au fond de ton étui.
Comme les vins dans leurs bouteilles
Tu n'es que meilleur, aujourd'hui !
Viens chanter la chanson sonore
De la montagne et du vallon !
Nous aurons de beaux jours encore
Mon violon ! Mon violon !

(Il prend le violon et essaye de l'accorder.)

Sol, ré, la mi, (*Une corde casse.*) la chanterelle
A cassé, mais ça ne fait rien.
Cette corde a vingt ans !... Si frêle !...
Trois cordes me suffiront bien.

Ré, la, ré, sol. Est-ce bien juste ?
Ce *sol* fait des bruits de frêlon
Un *sol* c'est pourtant bien robuste.
Il a pris froid, mon violon.

Oui ! je me souviens. L'ouverture
Commence par un trait en mi ;
Mais non, en fa. Quelle torture !
Il me semble avoir trop dormi.
Essayons d'abord une gamme,
Qui monte ainsi par échelon.
Mais c'est faux ! C'est affreux, infâme !
Je ne sais plus le violon !
   (Il jette l'instrument dans l'étui.)

Voilà vingt ans que je me trempe
Les mains dans la sauce aux anchois,
L'eau de Javel, l'huile de lampe !
Ça ne dégourdit pas les doigts.
Et pourtant, j'aime la musique !
Qui nous joûra le cotillon ?
Mais, mon fils ! (Nature artistique.)
Je lui donne mon violon.

Pauvre enfant ! Moi qui, tout à l'heure,
L'ai puni d'avoir du talent !
Et pourtant, avant que je meure,
Que ferais-je de mon argent ?
Non ! Il ne sera pas pratique ;
Il faut qu'il travaille selon
Son envie, et qu'il ne s'applique
Absolument qu'au violon.

Fin.

LA LAITIÈRE

ET LE POT AUX ROSES

Fable en un acte

Par M. Ernest D'HERVILLY

PERSONNAGES

MAURICE HAMELIN.
GEORGES DE BRACY.
SIDONIE-MARTHE.

LA LAITIÈRE
ET LE POT AUX ROSES

Une salle de ferme, au rez-de-chaussée, que les légers instruments de travail et les accessoires d'un peintre d'aquarelles, ont transformé en un atelier rustique. Table chargée des objets nécessaires : papier, palette, crayons, verre d'eau, etc. Petit chevalet, chaises de campagne.

SCÈNE PREMIÈRE

MAURICE, GEORGES.

(Entrée de Georges, vêtu en chasseur, et qui dépose son fusil dans un coin ; Maurice regarde dans la campagne par une croisée ouverte.)

GEORGES, à part.

C'est la quatrième fois que je surprends le camarade en rupture de travail. Frère Anne, que regardes-tu donc venir ? — Je crois que je le devine. Mais, pour l'instant, tu ne vois que le soleil qui poudroie sur l'horizon, qui rougeoie. (*Appelant.*) — Hé, Timon de Paris ! Hé ! Alceste de l'Opéra ! Hé ! l'homme aux rubans verts ! — Hé ! Maurice !

MAURICE, sans se retourner.

Que veux-tu ?

GEORGES

Pardon, Monsieur Maurice Hamelin, S. V. P. (*Il fait toc, toc, sur la table.*) est-il chez nous? Monsieur Georges de Bracy voudrait lui présenter ses hommages.

MAURICE, se retournant, brusquement.

Eh bien, quoi ! que veux-tu ?

GEORGES

Dis-donc, Maurice, sais-tu qu'il y a des jours où tu figurerais fort bien dans les armoiries du feu roi Louis XII ?

MAURICE

Quelle folie nouvelle?

GEORGES

Mais, je t'assure !... Comme hérisson, au collège national des Porcs-Épics, tu aurais au moins le premier accessit.

MAURICE

Eh bien, prends-moi comme je suis, ou mets des mitaines, là !

GEORGES

Fichtre ! — Comme tu y vas, toi ! On voit bien que tu es riche. — Merci ! — J'en userais trop de paires avec toi. — (*Gaîment.*) Tu vas bien, depuis ce matin?

MAURICE

Oui, Georges, oui, je vais très bien.

GEORGES, regardant sur la table.

(*A part.*) Il paraît que ça ne va pas alors. (*Haut.*) L'aquarelle est dans le marasme ! Dis donc, ta laitière n'a pas fait de progrès... Oh ! tu as dû joliment flâner aujourd'hui. Qu'est-ce que tu faisais à ta fenêtre, comme Jenny l'ouvrière ?

MAURICE

Je constatais une fois de plus, en regardant un écureuil, là-haut, dans un chêne, que les écrivains naturalistes sont d'aveugles menteurs. Car il n'est pas possible aux jeunes paysannes de négliger leur toilette, comme ces Messieurs l'affirment, quand elles ont tous les jours, sous les yeux, des professeurs de soins délicats tels que ce petit écureuil qui nettoie son petit nez avec frénésie, depuis une heure.

GEORGES

En voilà une idée ! — Quel diable te pousse à te faire le champion de la netteté des paysannes !

MAURICE

Je la constate, voilà tout.

GEORGES

Eh bien, écoute, je serais bien aise d'en faire autant... sur ton aquarelle... Fichtre !... elle n'a pas un joli teint clair pour l'instant, ta petite bonne femme !... Ne lui montre pas ça, surtout, à ton modèle ! C'est à dégoûter de poser... — A propos, est-ce qu'elle ne vient pas aujourd'hui, mademoiselle Sidonie, la plus jolie des laitières du département de l'Oise... ta bien-aimée Sidonie ?

MAURICE, impatienté.

Oh ! mon petit Georges, tu es très drôle ; tu es bien gentil. Je t'aime beaucoup. Je t'aime tant que, partant pour la campagne, je me suis abonné à toi pour un mois ou deux. Mais, au nom du ciel ! laisse-moi tranquille et ne parle plus de femmes, quelle que soit leur condition...

GEORGES

Tu continues donc à vouloir jouer les ermites, alors ?

MAURICE

Voyons Georges, tu sais pourquoi j'ai fui Paris, puisque tu as eu le dévouement de ne pas vouloir me lâcher au moment où j'ai tout envoyé promener. — Ne me force pas à regretter ta preuve d'attachement...

GEORGES

Il n'y a pas eu là preuve d'attachement. Nous avons mis en commun heur et malheur, depuis longtemps. Eh bien, c'était tout simple, j'ai chanté tout l'été, mais quand la bise fut venue et qu'Oreste Hamelin s'est sauvé de Paris, le cœur brisé, poursuivi par le souvenir d'une élégante Euménide à hauts talons, alors Pylade l'a suivi en disant : part à deux !

MAURICE

Mon bon Georges ! — Ah ! Je souffre toujours !... Je ne suis pas guéri, va !

GEORGES, *roulant une cigarette.*

Tu devrais te soigner comme un de mes amis. Il aimait éperdument une dame que ça amusait fort, mais qui était bien la plus nulle et la plus insensible de toutes les créatures... Lui, c'était un héros de sagesse. Il vivait d'amour et d'eau extrêmement claire. — C'est-à-dire qu'il était jaune comme un coing et avait l'amertume du chicotin. C'était grave. Ça tournait à la folie. Je me fis son médecin. Un jour, à ce sage admirable, qui se mourait d'inanition et de vertu, je fis remarquer combien une jeune personne frivole ressemblait, pour les épaules, à celle qu'il croyait sans pareille. Séduit par la ressemblance, il admira, de près, ces épaules. Un autre jour, je lui fis remarquer combien la cheville d'une autre personne également frivole répondait à la cheville de celle qu'il croyait sans égale. Il admira de près la cheville. Je continuai le traitement, pendant un certain temps, et au bout de ce certain temps, mon ami constata lui-même que son incomparable dulcinée n'avait rien d'extraordinaire et ressemblait fort, en somme, à toutes les autres... Alors, il rentra dans le rang, et depuis ce temps-là, c'est le plus gai des pinsons.

MAURICE

Tu veux que j'aime encore. (*Avec amertume.*) Merci !

GEORGES

Marie-toi, alors !

MAURICE

Avec ta cousine Marthe, n'est-ce pas ? — Toi aussi tu me le conseilles ?

GEORGES

Pourquoi non ?

MAURICE

Eh bien, écoute : Je n'ai pas l'honneur de connaître Mademoiselle Marthe. — Je l'ai entr'aperçue, une nuit dans un salon. Elle était en odalisque... Elle m'a paru jolie. Il y a longtemps de cela. — Mais c'est précisément parce que ma mère, me voyant accablé de douleur, m'a parlé d'épouser quelqu'un, et, en premier lieu, ta cousine, que je me suis sauvé de Paris où j'aurais pu m'isoler tout aussi bien qu'ici... C'est pour me soustraire à cette proposition de mariage de Damoclès que je suis venu dans ce coin de campagne, pour y être libre de pleurer à ma façon.

GEORGES

Et d'y faire de l'aquarelle ! — De la peinture aux larmes... A l'eau, je veux dire.

MAURICE

Continue à être spirituel, de cette façon-là, mon ami Georges, et je me désabonne !

GEORGES

Eh bien, je vais rester muet. Je t'accorde, que tu es l'incurable maréchal de Rantzau de l'amour, avec cette différence, qu'il ne lui restait d'entier que le cœur, tandis que chez toi, c'est le cœur seulement qui a été balafré, meurtri, percé, taillladé. — Ton cœur est à l'ambulance ici. Chut ! — Parlons bas... (*Il parle tout bas.*) le cœur de Maurice est bien malade.

MAURICE

Va ! Tu n'es qu'un gavroche !

GEORGES

Avec la toilette en plus. — A propos, j'ai les mains noires sous mes gants et je vais aller faire aussi mon petit écureuil là-haut... (*Il va pour s'en aller.*) Dis donc, Maurice, on m'a dit aujourd'hui que le château des Vertugadins est plein de monde... Il y a tant de chevaux à l'écurie que les rats ne peuvent plus dormir... Je t'en avertis, afin que tu prennes tes précautions si tu ne veux pas te trouver nez à nez avec des Parisiens... Ils émaillent nos environs en ce moment et les Vertugadins sont à vingt minutes d'ici. — Au revoir, l'artiste !

MAURICE

Va te laver !

SCÈNE DEUXIÈME

MAURICE, à sa table de travail, après un silence.

Elle est en retard aujourd'hui. — Déjà ! — Mais qu'est-ce que j'ai donc ? — Cette petite sotte est bien libre d'agir à sa guise. — (*Un silence.*) Epouser la cousine de Georges ?... Non, il n'y a que les mères pour avoir de ces idées-là ! — Elle a dû savoir... les mères devinent tout... combien j'avais raison de haïr les Parisiennes, et elle me... c'est trop fort !... et elle me parle justement d'une Parisienne ! La cousine de Georges ! Encore un joli assemblage, comme les autres, d'étoffes

et de petites mines, de rubans et de babillage, de cris de
désespoir pour des toutous enrhumés et de parfaite in-
sensibilité pour les sanglots d'un cœur qui se brise... La
cousine de Georges ! — Une jolie blagueuse alors ! —
Oh ! j'aimerais mieux, cent fois mieux, arracher une
bonne et lourde fille des champs à la vache qu'elle mène
à l'herbe pour en faire ma femme, que de consentir à
retomber aux pieds d'une Parisienne !... Cette Sidonie,
cette rieuse sans façon, — qui se fait tant attendre aujourd'hui — mais, ma parole, je la préfère à toutes les sa-
lonnières surmenées et cruelles de Paris. — Seulement,
voilà, quand on est du monde, — à moins de se con-
damner à vivre dans un terrier, et d'y être très heureux, quand on est du monde, où les plus belles
choses ont le pire destin, et c'est joliment vrai, eh
bien, on ne peut pas mener dans le monde une fille
arrachée à son herbe natale, fût-elle Jeanne d'Arc ! —
Jeanne d'Arc après Orléans, oui, mais la petite fille de
Vaucouleurs, nenni ! — La vie est ainsi faite : on monte
à l'assaut sous une batterie rasante, mais on n'ose pas
escalader les usages !... Et puis, quelle bêtise ! est-ce
que les filles des champs, à notre époque de téléphone,
sont plus... ou moins... que celles de la ville ? — Cette
Sidonie, par exemple...Je ne le cache pas, elle est charmante, avec son petit air si pur et si doux. Eh bien !.. ça
fait de la peine de penser cela, mais le premier commis
voyageur un peu dans les soiries... Ah ! c'est affreux de
songer à cela!.. (*Silence.*) Avec tout cela Sidonie est
peut-être malade ? Il ne me manquait plus que cette
inquiétude-là ! — Mais elle a dû faire prévenir la mère
Pinçavoine, ma propriétaire. — Allons nous en infor-
mer... Je ne peux pas rester plus longtemps comme ça,

le pinceau dans l'eau... Allons voir la mère Pinçavoine.
(*Il sort par une porte latérale.*)

SCÈNE TROISIÈME

GEORGES, entrant par le fond, puis SIDONIE.

GEORGES, à la cantonade, après avoir regardé dans la salle.

Tu es joliment en retard, Marthe. Entre vite. Il n'est
pas là.

SIDONIE, en laitière.

Voyons, Georges, tu es fou ! Tu m'appelles Marthe !

GEORGES

Sidonie ! c'est juste. Fichtre ! Jolie gaffe !

SIDONIE

Fais-y attention, je te prie ! — Un seul soupçon dans
l'esprit de Maurice, et notre échafaudage s'écroule : j'ai
promis à sa mère, j'ai promis à sa sœur de l'arracher
à son spleen. J'y tâche de mon mieux depuis quinze
jours, un peu pour lui, et beaucoup pour elles. Mais ne
me jette pas des bâtons dans...

GEORGES, répétant les paroles de Sidonie.

Un peu pour lui, beaucoup pour elles : bien ; et pour
toi ?

SIDONIE

Tu es bien curieux.

GEORGES

Dame ! — Ma tante t'a confiée à moi, chère paysanne à la détrempe... et je dois être informé...

SIDONIE

Laisse-moi faire. (*Elle chante ; vieil air.*) « *Je suis la petite laitière. Qui veut acheter de son lait ?* »— Dis-moi, est-ce que je ne joue pas bien mon petit rôlet, comme disait Charles IX.

GEORGES

Ma tante elle-même ne te reconnaîtrait pas, et personne ne se doute au château ?...

SIDONIE

Personne.— Cette petite comédie là ne m'ennuie pas, d'ailleurs. Mais que de métiers pour une jeune fille ! D'abord, sur ton conseil, laitière, fournisseuse brévetée de la mère Pinçavoine ; puis, à la suite d'une rencontre ménagée par un hasard qui s'appelle Georges de Bracy, je deviens modèle, à quatre francs l'heure, d'un monsieur artiste qui s'est établi dans une ferme... Modèle à quatre francs l'heure quand on a une dot...

GEORGES

Oh oui ! une dot que j'aurais volontiers dissipée, si tu l'avais voulu. Mais, voilà, il te faut des héros de roman, à toi ! — Fi de la *gomme !* — Oh ! je ne suis pas jaloux, j'aime Maurice, tu ne le détestes pas : que le bonheur soit avec vous, si cela se peut ! Pour le moment, il vient bien lentement. Train omnibus, arrêt à toutes les stations, manœuvres dans les gares...

SIDONIE

Il y a tant d'accidents en express, et puis un voyageur à peine convalescent et ombrageux !... Maurice ne veut pas s'avouer qu'il revient à la vie.

GEORGES

Enfin ! — Sauve Maurice et tout ira bien. Par exemple, tant pis pour toi, s'il dédaigne mademoiselle Marthe de Saint-Nicolas d'Acy ! (*Il chante.*) « Tu l'as voulu, n'ten plains pas, tir'toi, tir'toi, tir'lon laine ; tu l'as voulu, n'ten plains pas, tir'toi d'la comm'tu pourras ! »

SIDONIE

Ce que femme veut... — Chut ! — On vient.

GEORGES

C'est lui.— (*Haut.*) Délicieuse Perrette, ne vous étonnez pas de vous voir un miroir si foncé que cela, sur le Bristol. — Mon ami, le grand peintre Maurice, a sans doute broyé beaucoup de noir ce matin.

SCÈNE QUATRIÈME

Les mêmes, MAURICE, entrant.

Enfin ! vous voilà ! — Bonjour, Sidonie. — Vous faites bien d'arriver. La mère Pinçavoine pleurait déjà son lolo.

SIDONIE

Bonjour, Monsieur Maurice. Votre servante. J'ai porté

le lait dans le cellier, au frais, comme d'ordinaire, et me
voilà. — Suis-je bien coiffée à votre idée ?...

MAURICE

Oui, mais vous cachez toujours trop vos cheveux... ils
sont si... naturels...

GEORGES

Un faux chignon a son prix pourtant... pour qui vit
d'illusions, ô poète !

MAURICE, installant Sidonie.

Là, prenez la pose, ma chère petite... — Vous savez,
vous faites un bouquet... le loup va venir... vous écoutez...

GEORGES

Mais c'est le Chaperon rouge que tu peins! Il faut une
galette, alors !

MAURICE, préparant ses brosses.

Georges, il y a en toi deux hommes bien différents :
l'un, qui est exquis du matin à l'après-midi, quand il
chasse dans les environs de ce modeste asile ; l'autre,
de l'après-midi au soir, quand il se mêle des beaux-arts,
est insupportable.

GEORGES, riant.

Ami, tu laisses en plan ta laitière. Le loup va la croquer,
mon cher. — Tu n'as pas besoin de moi pour la défendre,
n'est-ce pas? Si j'ai bien compris le sens du madrigal
que tu viens de m'adresser, tu désires que je m'en aille...
je t'obéis... Je vole dans la chambre voisine ! (*Riant.*) Si

le loup montrait les dents, vous m'appelleriez, n'est-ce
pas, laitière ?

SIDONIE

Oui, Monsieur, mais j'espère bien le tenir par les
oreilles.

GEORGES

Le ciel vous assiste ! — Au revoir, Monsieur, Mam-
selle. (*Il sort.*)

SCÈNE CINQUIÈME

SIDONIE, MAURICE

SIDONIE

Comme vous le rudoyez, ce pauvre monsieur Georges !

MAURICE, travaillant.

Il aime ça ; ça le fait reluire...

SIDONIE

Il est si gai... si souriant... en effet.

MAURICE

Ce qui veut dire que je suis triste et maussade...

SIDONIE

Je ne dis pas cela, Monsieur Maurice !

MAURICE

Vous ne le dites pas, mais vous le pensez... C'est la
même chose ! Tournez la tête de mon côté, je vous prie,
Sidonie.

14.

SIDONIE, le regardant.

Comme ceci ?

MAURICE, baissant les yeux.

Oui ! merci. — (*Après un silence.*) Et comment vont les petites affaires ?

SIDONIE

Nos chèvres sont malades. On dit qu'elles ont mangé de l'herbe où un basilic a passé.

MAURICE, nerveux.

Ah ! (*A part.*) Quelle conversation ! — (*Haut, brusquement.*) Vous avez de jolis yeux, Sidonie !

SIDONIE, riant.

Oh ! je le sais de reste ! Le dernier qui me l'a dit avant vous, c'est monsieur Georges.

MAURICE, avec humeur.

Il aurait pu garder sa langue dans sa poche.

SIDONIE

Pourquoi cela ?

MAURICE

Mais parce qu'un jeune homme ne doit pas se permettre de dire à une jeune fille sage des choses de ce genre-là.

SIDONIE, naïvement.

Tiens ! Vous n'êtes donc pas un jeune homme, vous !

MAURICE, amèrement.

Ah ! je l'attendais, celle-là ! Parce que je suis chagrin...

parce que je ne ris pas... alors, je suis un vieillard ! Ma chère enfant, décidément, je ne suis pas de vos favoris !

SIDONIE

Mais qu'est-ce que je vous ai fait, Monsieur Maurice ? Vous avez l'air en colère !

MAURICE

En colère ! moi ! En colère ! Ah ! si on peut dire !... Mais, au fait, qui est-ce qui ne serait pas furieux, après avoir attendu deux heures à une fenêtre devant le plus insipide des paysages... un modèle qui se faisait conter des douceurs pendant ce temps-là !

SIDONIE

Monsieur Maurice ! voilà des choses qu'un jeune homme ne doit pas dire à une jeune fille... par exemple ! — Assez ! Vous me faites de la peine.

MAURICE

Pardon, Sidonie. — Je suis nerveux, aujourd'hui... — Je ne sais pas ce que j'ai... Ah ! tenez ! je ne peux pas travailler !.. J'aime mieux vous le dire tout de suite.

SIDONIE, avec soumission.

Comme vous voudrez. Je m'en vais.

MAURICE

Vous vous en allez ! vous vous en allez ! Mais qui est-ce qui vous dit de vous en aller ? Avouez plutôt que cela vous ennuie de venir ici.

SIDONIE

Que vous êtes méchant ! Qu'est-ce que je vous ai fait ?

MAURICE

Ce que vous m'avez fait !.. (*Se parlant haut à lui-même, en marchant.*) Ce qu'elle m'a fait ! — J'étais si tranquille avant que ce Georges m'eût mis en tête de peindre une laitière !... J'étais si heureux !... Je maudissais tout le monde à mon aise ! Et maintenant, voilà que je maudis tout le monde, excepté elle !...

SIDONIE

Mais pourquoi ça ?

MAURICE, s'arrêtant.

Pourquoi ? Les voilà bien, ces filles de la nature !... Elles ne comprennent rien ! Il faut tout leur apprendre. Une Parisienne aurait déjà deviné.

SIDONIE

Deviné quoi ?

MAURICE

Mais ce qui fait que vous trouvez monsieur Georges si à votre gré.

SIDONIE

Oui, je le trouve à mon gré.

MAURICE

Vous le trouvez si fort à votre gré, petite sotte, parce que vous avez deviné qu'il vous aime...

SIDONIE

Lui ! — Après tout, je ne peux pas l'en empêcher...

MAURICE ·

Vous ne le pouvez pas ! — Vous avez bien pu, chaque
fois que vous êtes venue ici, me faire croire, à moi, que
vous vous intéressiez à ma santé. Alors, c'était donc une
comédie ? J'étais arrivé à vous regarder comme une
amie, oui, une amie, une petite sœur tendre et dévouée.
Je m'étais laissé prendre à cela... C'était une consolation
pour moi... — Quand vous entriez dans cette chambre,
je me disais : Voilà mon rayon de soleil !... Ah ! laissez-
moi... Ah ! vous ne m'aimez pas !

SIDONIE, simplement.

Mais si, je vous aime bien.

MAURICE

Non ! non ! il aurait fallu m'expliquer tout crûment,
comme Georges, n'est-ce pas ? vous dire que votre visage
honnête et charmant est rasérénant à voir... qu'il ressemble à une fleur ouverte à l'ombre, qu'il n'y en pas
comme cela à Paris, certes !... que vous me manquez
quand vous n'êtes pas là... Ah ! tenez, je vous déteste !

SIDONIE

Monsieur Maurice, vous me faites peur !...

MAURICE

Et si je vous disais !... mais à quoi bon ! je vous fais
peur. Ah ! je n'ai pas de chance !! Un petit oiseau se
pose sur ma haie. Je lui dis que son chant modeste me
ravit, et le voilà qui s'envole. Je lui ai fait peur !

SIDONIE

Je ne vous comprends pas. — Mais il se fait tard. Je dois m'en aller.

MAURICE, *douloureusement.*

Ah ! vous ne me comprenez pas ? — (*A part.*) Hélas ! elle ne peut pas me comprendre. (*Haut.*) Eh bien ! Sidonie, si je vous disais que je suis beaucoup plus riche que Georges, que je vous adore, que vous êtes faite pour briller autre part que dans un village, que, si vous y consentez, je puis faire de vous la plus heureuse et la plus enviée des femmes, et que vous resterez libre !... me comprendriez-vous ?

SIDONIE, *doucement.*

Cela veut-il dire que vous m'aimez honnêtement, et comme il faut qu'on aime ?

MAURICE

Oh ! pardon ! pardon, Sidonie! — Non, Dieu soit loué, vous ne me comprenez pas. Sais-je ce que je dis en ce moment? — Non. — Sais-je ce que je rêve depuis huit jours ? Non. Je songe que vous valez mieux que n'importe quelle femme, et cependant vous me rendez mauvais, parce que je vous crois coquette autant que les autres. Pourquoi ne m'aimez-vous pas ?

SIDONIE, *simplement.*

Mais je vous aime bien, je vous l'ai dit. Combien de fois faut-il vous le dire ?

MAURICE, *hors de lui.*

Vous m'aimez ! — Eh bien, si vous m'aimez, voulez-vous essayer... Sidonie, vous êtes une fille d'esprit, d'abord ?...

SIDONIE

Puisque vous le dites.

MAURICE

Eh bien...Tenez ! ayez un peu de patience... ma petite Sidonie... je n'ose pas m'expliquer davantage... c'est si délicat un cœur de femme!.. Attendez-moi un instant... — J'ai là, depuis quelques jours, dans des cartons... — C'est pour un tableau. — Vous allez voir... deux minutes, seulement, et je reviens ! (*Il sort follement.*)

SIDONIE

Pauvre Maurice ! Comme il m'aime ! Mais il voit encore trop la paysanne, la laitière, à travers son amour ! Le monsieur, plein d'orgueil, se débat en lui et proteste. — Consultons Georges, vite. (*Elle frappe à la porte par laquelle est sorti Georges.*)

GEORGES, passant la tête.

Eh bien, cousine ?

SIDONIE

Ton ami est bien malheureux, va! Il m'adore et se trouve absurde !

GEORGES

Bah ! Serait-il, comme disent les juges d'instruction, serait-il enfin entré dans la voie des aveux ?

SIDONIE

Il y est entré, mais avec une prudence que je ne

peux tolérer. — A chaque parole qui l'engage, je sens qu'il se pose cette objection : Que dirait ma mère, si elle me voyait lui amener cette villageoise ? — Je comprends ce scrupule, mais je ne puis l'admettre. Non, je ne puis l'admettre ! — Ou je vaincrai ou son amour mourra ! — Voici Maurice, silence. (*La tête de Georges disparaît.*)

SCÈNE SIXIÈME

SIDONIE, MAURICE.

Maurice apporte et dépose sur la table et par terre des cartons de tout calibre et de toute forme. Il les ouvre en silence.

SIDONIE

Qu'est-ce que tout cela, grand Dieu ! — Oh ! que c'est beau !

MAURICE, doucement.

Mon amie... voici un costume complet de Parisienne... c'est... je vous l'ai dit... c'est pour un tableau. — Je serais bien heureux de vous voir l'essayer. Vous me rendrez service en le faisant...

SIDONIE

Mais je veux bien, moi. — (*Elle s'approche de la table.*) Oh ! que c'est joli ! oh ! que c'est riche ! — Oh ! des gants ! que c'est froid ! — Que tout cela est riche !

MAURICE

Oui, riche ; mais c'est élégant surtout. (*A part.*) Elle ne l'a pas dit !

SIDONIE

Et c'est pour un tableau ?

MAURICE

Pas pour autre chose... Tenez ! j'ai là, dans mes cartons, un croquis du sujet... Vous allez voir. (*Il cherche dans ses cartons à dessins.*)

SIDONIE, à part.

Ah ! Maurice !... Oh ! malice cousue de fil blanc !... Oui, mais alors, il m'aime beaucoup plus que je ne le pensais, puisque, depuis quelques jours, il a ruminé de juger par lui-même si je puis faire une bru présentable et acceptable... Ah ! Maurice ! vous voulez me faire passer mon examen de belle-fille. Très bien ! — Oui, vous m'aimez beaucoup, Maurice, mais je veux que vous m'aimiez davantage !...

MAURICE

Tenez ! voici le croquis. Ce sont de simples lignes. Vous n'y voyez rien ? — Ayez la foi. Et si vous êtes mon amie, ma véritable et dévouée amie, vous m'aiderez dans le travail que je projette d'exécuter. C'est l'artiste qui fait appel à votre cœur. Mettez ces jolies choses, ô mon modèle exquis. — Je meurs d'impatience de vous voir complétée avec ces fanfreluches... C'est pour mon tableau... La rose sauvage est charmante, mais l'églantier greffé donne de si délicates roses !.. — Greffez-vous, ma belle ! Vous allez fleurir à merveille, j'en suis sûr !

SIDONIE

Je veux bien, moi ! — Dieu ! que tout·cela est magni-fique !..(*Elle passe avec une feinte difficulté une jupe par dessus son habit de laitière.*)

MAURICE

Pas comme cela ! Pas comme cela ! — Tenez, il faut que ça drape ici... Marchez un peu. (*Sidonie marche ; la robe fait un effet affreux. Maurice se précipite à ge-noux et arrange le plissé et la draperie. Pendant qu'il s'évertue, Sidonie rit au public.*) Là ! ça va aller mieux.— Allons, allons, ayez de l'aisance. — Mais qu'est-ce que vous faites ? (*Sidonie endosse une « visite » ou une « con-fection » quelconque.*)

SIDONIE

Eh bien ! je mets cette blouse pendue là. Est-ce que je ne m'y prends pas bien ? (*Elle le met le plus gauche-ment possible.*)

MAURICE , désespéré.

Non ! sapristi ! non ! — Mais tenez-vous donc droite ! Mais ne vous tortillez donc pas comme ça pour voir der-rière vous ! — C'est pourtant bien facile ! (*A part.*) Oh ! il n'y a que les Parisiennes pour porter la toilette ! Je suis navré !

SIDONIE

Vous me pressez trop ! Vous ne me laissez pas le temps de respirer. Que vous êtes nerveux ! Je n'ai pas l'habi-tude de ces drôles de choses-là, moi ! Il faut me par-donner. (*En disant cela, elle met un chapeau sur sa tête sens devant derrière.*)

MAURICE, énervé.

Miséricorde! — La charrue avant les bœufs! — Oh! que je suis malheureux! — Non, Sidonie, de l'autre côté! — (*Il lui ôte brusquement le chapeau et le lui remet.*) Là! — Pas en arrière, au nom du ciel! — Comme ceci.

SIDONIE

Que vous êtes brusque! — Mais, est-ce que je sais, moi! — Ne vous impatientez pas, Maurice. — J'apprendrai, j'apprendrai. — Montrez-moi tout doucement. Je ne suis qu'une pauvre fille...

MAURICE, furieux.

Mais vous ne voulez pas saisir le sens. Non, vous ne le voulez pas!... Oh! cette robe fait un effet abominable!... Elle a pourtant été taillée sur une des vôtres... c'est la mère Pinçavoine elle-même qui avait pris les mesures! Ah! tenez, vous n'êtes pas née pour cela! (*Elle prend des gants et en crève un.*)

SIDONIE

Ce n'est pas ma faute. — (*Elle prend un éventail et se tape sur le nez.*) Hé! ça fait mal!

MAURICE, se tordant les mains.

Ah! mon Dieu! bon! — Mais donnez-moi donc cela (*Avec rage.*) Mais donnez-moi donc cela! Tenez, voilà comment il faut s'en servir, et comment il faut marcher. (*Il s'évente en marchant. Sidonie rit au public.*) Voyons, je vous en supplie, Sidonie, répétez! (*Il lui donne l'éventail et la regarde se démener lourdement.*) Ah! quelle pauvre cervelle! Je suis anéanti.

SIDONIE, avec douceur.

Ne soyez pas fâché contre moi, monsieur Maurice, je tiendrai ce petit soufflet-là pendant cent ans, que je le tiendrai toujours de même. Je ne saurai jamais m'en servir.

MAURICE, entre ses dents.

Il faut en convenir! Il faut en convenir! — Oh! que tout cela me fait mal! Je souffre horriblement! Quittez cet habit, Sidonie. — Ah! j'ai gâté ma petite laitière! — Quittez! Quittez! (*Exaspéré.*) Vous avez l'air d'un singe savant.

SIDONIE, feignant de sangloter.

L'air d'un singe ?... Je suis ridicule alors, absurde. Et c'est vous qui l'avez voulu ! Vous l'avez voulu!

MAURICE

Oui ! oui! J'espérais, je... mais non. Vous ne pourrez jamais vous habituer à tout cela ! Oh ! quel malheur sans égal ! Quelle amère déception!...

SIDONIE, avec des larmes feintes.

Pourquoi vouliez-vous faire de moi une dame, monsieur Maurice?—Il fallait... me peindre... comme j'étais... comme j'étais quand vous ne me disiez pas que j'avais l'air d'un singe... savant. — Je ne demandais pas cette science-là, moi... Vous voilà fâché... vous ne me parlez plus... je vous déplais maintenant. Oui. Adieu pour toujours alors, monsieur Maurice... Oh! quel vilain réveil! Je faisais un si beau rêve !.. Ce n'est pas ma faute, si je suis née paysanne...

MAURICE, accablé.

Adieu, adieu ! Laisse-moi... (*Il se met la tête dans les mains.*)

SIDONIE

Adieu ! (*A part.*) J'ai peut-être été trop loin !—Allons trouver Georges. (*Elle sort.*)

SCÈNE SEPTIÈME

MAURICE, seul, puis GEORGES et SIDONIE

MAURICE

Jamais ! Jamais ! Jamais ! — Flétris-toi de nouveau, triste cœur qui t'épanouissais encore ! — Pauvre enfant ! — Et quand je pense que j'ai été sur le point de lui avouer tout entier le secret de mon âme !... Fou que j'étais ! — Elle est si touchante ! — Un mot de plus de ma part, et, en la repoussant, j'étais un malhonnête homme. Heureusement elle a cru qu'il s'agissait seulement d'être belle pour un tableau.— Oh ! que tout cela me fait mal !... Mais, voyons, est-ce que ma mère m'aurait jamais pardonné de lui donner cette pauvre petite pour enfant !... Et, à elle-même, ma mignonne Sidonie, que ne lui eût pas fait souffrir l'orgueilleux dédain de mes absurdes parents !... C'est égal, j'ai manqué de patience. Je n'ai pas su dissimuler. Je l'ai brusquée, offensée... J'ai criblé de paroles dures son petit cœur si tendrement naïf !... ah ! elle m'eût bien aimé ! —Je suis coupable !... Ma pauvre petite Sidonie ! (*Entrée brusque de Georges.*)

GEORGES

Oui, ta pauvre petite Sidonie ! Ah ! tu as bien raison
de la plaindre. Tu as fait là un joli coup !

MAURICE

C'est bien à toi de parler ! Laisse-moi.

GEORGES, très grave.

Non, je ne te laisserai pas ! — Sais-tu ce que tu as
fait, Maurice ?

MAURICE

Ah ! je ne le sais que trop : deux malheureux, oui ;
elle et moi.

GEORGES

Toi, malheureux ! Allons donc, égoïste ! — Mais elle...
elle... oh ! il vaudrait mieux pour elle qu'elle en mou-
rût !

MAURICE, avec accablement.

Que veux-tu dire ?

GEORGES

Quoi ! tu ne le devines pas ? — Eh bien, je l'ai ren-
contrée à la porte de cette maison maudite, comme elle
en sortait pour toujours. (*Sidonie passe sa tête souriante
par la porte latérale entre-bâillée.*) Elle pleurait à arracher des larmes à un rocher. Je n'ai pas eu de peine à
lui tirer son secret. Elle est à moitié folle ! Sais-tu le résultat de ton absurde et fatale expérience ? Sais-tu ce
que tu as fait ? Tu lui as fait concevoir, tu lui as fait
toucher un luxe et des espoirs qu'elle n'avait jamais

rêvés ! Et je crois bien que, sans le vouloir, je te l'accorde, mais avec une imprudence terrible, tu l'as lancée sur cette route de la curiosité et du désir d'être belle, à n'importe quel prix, au début de laquelle la femme rencontre la honte et à la fin toujours la misère !

MAURICE

Oh ! Georges ! mais elle est pure !

GEORGES

Aujourd'hui, oui ! Mais sa sincère douleur passée, l'éveil de la fanfreluche que tu as provoqué en elle deviendra de la fièvre et produira ses détestables fruits. Ce sera affreux, mais une nature sans guide, abandonnée après avoir été pervertie, ne peut plus se redresser ni se retenir... Tu as ouvert le gouffre devant cette innocente... Elle y tombera, désespérée et poussée par toi, et tu auras toute ta vie à te reprocher cette action infâme.

MAURICE

Monsieur !

GEORGES

Ah ! *Quand vous voudrez !* comme disent les bateaux-mouches, mais me larder de coups d'épée ou me truffer de balles de pistolet, cela ne rendra ni sa candeur première, ni son repos, ni ce que tu lui as volé, à cette pauvre femme qui te devra son déshonneur ! Tu as tué une âme, Maurice !

MAURICE, criant.

Où est-elle ! Je veux la voir ! Je veux qu'elle me pardonne ! Georges ! Georges ! Je l'aime ! Je l'aime ! —

Ecoute, cet abominable essai de costume, c'est un reste
de stupide amour-propre mélangé d'amour filial, qui
me l'a fait tenter... Oui, je l'aime, et je le dis avec fierté
à présent. Mais je voulais lui apprendre à plaire à ma
mère. Tu sais, les mères, elles ont des idées d'autrefois.
Je voulais essayer de les tourner tout en les admettant.
Oh! mon Dieu! mais, moi, j'aime Sidonie telle qu'elle
est, telle que la respecteront, paysanne ou grande dame,
tous ceux qui ont le respect de la loyauté, de la beauté
de l'âme, de la vertu, de tout ce qui est et sera toujours
ma pauvre petite laitière... Oh! Sidonie! je vous sauverai!

GEORGES

Plaise au ciel qu'il ne soit pas trop tard!

MAURICE

Trop tard! — Ah! tu me fais mourir de peur. Non!
Non! il n'est pas trop tard. Je vais à sa recherche! Je la
découvrirai. Je lui dirai combien je suis fier d'avouer
que je l'aime à la face de tous, en cotillon court, en
bonnet blanc! Je la supplierai de me donner sa main,
sa main de paysanne! Adieu!... Je cours me jeter à ses
pieds, plein de repentir... J'irai pour cela, s'il le faut,
jusqu'au bout du monde... (*Il s'élance. Sidonie, se montrant, l'arrête.*)

SIDONIE

Vous n'irez pas si loin, Maurice!

MAURICE, agenouillé.

Sidonie! ma bien-aimée, pardon.

SIDONIE

Ce n'est plus Sidonie, c'est Marthe qui vous pardonne et qui vous tend la main.

MAURICE

Marthe ?

GEORGES, gaiement.

Eh bien, oui, ma cousine Marthe, la Parisienne, la voilà. — Entrevue odalisque jadis, passée au rang de future dédaignée ensuite, et maintenant laitière sans peur et sans reproche...

MAURICE

Et adorée ! — Ah ! J'ai été vaincu... je comprends tout !...

SIDONIE

Oui, à un jeu où je trichais, mais avec l'autorisation de votre mère et de votre sœur. Vous avez perdu ! Maurice.

MAURICE, lui baisant la main.

Oh ! que je suis heureux de payer !

GEORGES

Tout est découvert. — Ainsi finit la fable de la Laitière et son pot aux roses.

Fin.

NOTRE FUTUR

Saynète en un acte

Par M. Georges FEYDEAU

PERSONNAGES

HENRIETTE DE TRÉVILLE.
VALENTINE.

NOTRE · FUTUR

Un grand salon très richement meublé. — Au fond, une cheminée avec des candélabres allumés. — Portes latérales ; portes à droite et à gauche. — Une table, des fauteuils, un divan, etc. — Sur la table, des journaux. — A droite, dans le coin, une corbeille à ouvrage.

SCÈNE PREMIÈRE

HENRIETTE, seule.

Henriette, en costume de bal et couverte de diamants, entre par l'une des portes du fond et parle à quelqu'un qu'on n'aperçoit pas.

Ainsi, vous avez bien compris ? Des bougies partout, des lumières... beaucoup de lumières !.. Enfin, que tout soit pour le mieux ! *(Entrant.)* Oh ! oui, beaucoup de lumières ; je les adore, moi !.. Cela sied si bien à mon visage !.. *(Elle s'approche de la glace.)* Eh bien ! mais, savez-vous, madame, que vous êtes tout simplement ravissante ce soir ! Ce costume vous va à merveille ! et je me trompe fort, ou bien vous allez faire encore quelque nouvelle conquête !.. Toutes ces dames vont être furieuses ! C'est si jaloux les femmes !.. Quant à ces messieurs, par exemple... Eh bien ! là, franchement, il y a des moments où je comprends les hommes ! (*Regardant la pendule.*) Huit heures un quart... (*S'asseyant.*) Allons ! j'ai encore environ deux heures devant moi, deux grandes heures d'ennui !... C'est effrayant comme le temps vous paraît long quand on attend !... Malgré moi, je me sens inquiète, agitée, aujourd'hui... Ah ! dame ! l'idée d'un mariage peut bien vous émouvoir un peu !... Surtout lorsqu'il s'agit d'un jeune homme et que l'on est la veuve d'un vieux général... Ah ! c'est qu'en fait d'amour, mon pauvre mari n'était pas la prodigalité même... Mon Dieu !... je ne le lui reproche pas... Le cher homme !.. Je sais bien que ce n'était pas de sa faute... Mais, c'est égal, franchement, il était un peu trop... comment dirais-je ? un peu trop économe ! Oh ! mais, avec monsieur de Néryss, cela n'est pas à craindre ! Il est jeune, lui... Il est du Midi, lui... Et quand on est du Midi, Dieu sait... Pourvu qu'il vienne seulement ! C'est qu'il y a quelque temps qu'il n'a donné signe d'existence... Bah ! puisque je l'ai invité, il viendra ; d'ailleurs il m'aime... il a l'intention de m'épouser, j'en suis sûre... il profitera donc de cette soirée pour... Et déjà, l'autre jour, dans le petit salon, lorsqu'il m'a fait asseoir sur mon joli divan havane et qu'il s'est agenouillé devant moi, je croyais bien qu'il allait faire sa demande... En tout cas, ce n'était pas l'envie qui lui manquait. (*On sonne.*) Tiens ! l'on a sonné. (*Regardant l'heure.*) Neuf heures moins vingt... Qui peut venir si tôt ?

SCÈNE DEUXIÈME

HENRIETTE, puis VALENTINE.

(On entend la voix de Valentine dans les coulisses.)

La voix de VALENTINE

Thank you very much, miss Alice. You may go now !
Thank you !

HENRIETTE

Valentine !

VALENTINE, entrant.

Moi-même, cousine ! Bonjour.

HENRIETTE, l'embrassant.

Comme tu arrives de bonne heure !

VALENTINE

Est-ce un reproche ?

HENRIETTE

Enfant, va !

VALENTINE

C'est que, vois-tu, j'ai désiré venir un peu avant le
bal... parce que j'avais à t'entretenir de choses sérieuses !

HENRIETTE, souriant.

Ah ! mon Dieu !

VALENTINE, s'asseyant.

Oh ! très sérieuses ! Tu comprends? il y a des choses que je n'oserais dire à maman et que je puis te dire à toi.

HENRIETTE

Merci de la préférence !

VALENTINE

Je viens donc te demander quelques conseils... Mais d'abord laisse-moi te faire tous mes compliments ! Dieu ! Que tu es belle ce soir !

HENRIETTE

Ah ! Le « ce soir » est aimable.

VALENTINE

Oh ! tu es toujours restée taquine, toi... je veux dire... quelle jolie toilette tu as ce soir !... Là !

HENRIETTE

Tu trouves ?

VALENTINE

Mais c'est-à-dire que j'ai l'air d'une petite Cendrillon à côté de toi, avec ma robe blanche, toute simple.

HENRIETTE

Toi ! Tu es cent fois charmante comme cela !

VALENTINE, soupirant.

Et des diamants ! En as-tu assez ! Oh ! c'est moi qui aimerais ça, des diamants !

HENRIETTE

Tu sais bien qu'une jeune fille n'en porte pas.

VALENTINE, naïvement.

Oui, tandis qu'une veuve ! Dieu ! que cela doit être agréable d'être veuve !

HENRIETTE

Eh bien ! c'est gentil pour ton futur mari ce que tu dis-là !

VALENTINE

Tiens ! c'est vrai... j'ai dit une bêtise... C'est ennuyeux... je ne fais que cela !... Ou bien je ne dis rien du tout... et alors je deviens bête... de peur de dire des bêtises !...

HENRIETTE

Gamine, va !...(*Elle se lève et va prendre une tapisserie.*)

VALENTINE

Mais aussi, je te l'ai dit, je compte sur toi pour me donner quelques conseils... Ah ! d'abord, quand un jeune homme vous parle, qu'est-ce qu'il faut faire ?... Moi, je suis toujours très embarrassée... Ainsi, tiens! à ton dernier bal, monsieur de Mercourt est venu à moi et m'a dit comme cela : « Ah! mademoiselle, vous êtes vraiment charmante !... » Sais-tu ce que je lui ai répondu ?

HENRIETTE, s'asseyant et faisant de la tapisserie.

Non...

VALENTINE

« Et vous aussi, monsieur ! » Tu vois l'effet d'ici...
Alors, il a cru que je me moquais de lui et il est
parti...

HENRIETTE

Pauvre enfant ! Voilà ce que c'est que l'innocence.

VALENTINE, naïvement.

Oh ! oui, l'innocence, voilà une vertu que j'admire,
beaucoup... chez les autres... Que je voudrais en savoir
autant que toi... mon Dieu !

HENRIETTE, d'un air de reproche.

Valentine !...

VALENTINE

Encore une bêtise... Tu vois, c'est plus fort que moi...
Aussi, il faut absolument que tu me dises...

HENRIETTE

Ah ! pardon ! Mais, d'abord, de quoi s'agit-il ?

VALENTINE, rougissant.

C'est que c'est très difficile à expliquer... Il s'agit
de... d'un...

HENRIETTE

Tu rougis ! Tu baisses les yeux ! Je comprends... C'est
un jeune homme...

VALENTINE

Hein ! comment le sais-tu ?

HENRIETTE

Est-ce que je n'ai pas été jeune fille, moi ? Est-ce que je n'ai pas rougi, moi... dans le temps ?.. Va ! chère petite, je ne m'y trompe pas...

VALENTINE

Eh ! bien, oui, là !... C'est un jeune homme.

HENRIETTE

Je le savais bien... et il se nomme ?

VALENTINE, d'un air mystérieux.

Oh ! ça, je te le dirai plus tard.

HENRIETTE

Du mystère ? C'est parfait !.. Est-il bien, au moins?

VALENTINE

Lui ?... oh !... très bien...

HENRIETTE

Très bien ?... tu me le montreras ?

VALENTINE

Tu le verras ce soir... et tu me diras alors si j'ai bon goût...

HENRIETTE

Tiens, vraiment, tu m'amuses... et... il t'aime ?

VALENTINE

Lui ! Oh ! oui il m'aime... il m'a dit qu'il serait bien heureux de m'épouser.

HENRIETTE

Bah ! ça n'est pas toujours une preuve ! c'est une
chose que les hommes vous promettent si facilement et
qu'ils tiennent si peu !...

VALENTINE

Oh ! oui, mais lui, c'est sérieux ! Figure-toi qu'à ton
dernier bal, j'ai dansé avec lui... et, sans en avoir l'air,
tout en valsant, il m'a emmenée dans le petit salon, tu
sais ?... ton petit salon ?

HENRIETTE

Oui, oui. (*A part.*) Il paraît que c'est l'endroit.

VALENTINE

Il n'y avait justement personne... Alors il m'a fait
asseoir sur le divan havane...

HENRIETTE

Sur mon divan havane ?

VALENTINE

Oui ! cela t'étonne ?

HENRIETTE

Moi ? non ! (*A part.*) Oh ! ces hommes sont tous les
mêmes ! (*Haut.*) Apporte-moi mes laines !..

VALENTINE, apportant la corbeille à ouvrage.

Et puis, lorsque j'ai été assise, monsieur de..

HENRIETTE, vivement.

Monsieur de ?

VALENTINE, souriant.

Ce monsieur-là, enfin, m'a pris les deux mains, et s'est
mis à genoux devant moi... comme cela, tiens ! (*Elle
se met à genoux devant sa cousine et la prend par la
taille.*) Oh ! c'est étonnant comme c'est agréable de voir
un homme à ses genoux !

HENRIETTE

Ce n'est pas précisément l'opinion de messieurs nos
maris, cela !... Enfin ! continue.

VALENTINE

Eh bien ! donc, il s'est mis à genoux devant moi et,
avec une voix tendre, il m'a dit des choses, oh ! mais des
choses !... Je ne comprenais pas toujours, mais je sentais
que cela me faisait plaisir !... Oh ! mais, c'est égal ! je
t'assure que j'étais très embarrassée... Aussi, de peur de
dire des bêtises, je me contentais de répondre oui à
tout ce qu'il me disait.

HENRIETTE, posant sa tapisserie.

Tu disais oui ? malheureuse enfant !

VALENTINE, se relevant.

Est-ce que j'ai eu tort ?

HENRIETTE

Avec les hommes c'est si dangereux !

VALENTINE

Mais je ne savais que répondre, moi ! Si tu l'avais entendu : « Ah ! mademoiselle ! vous êtes belle et je vous

aime. » — « Oui ? » — Ah ! « Valentine ! — il m'a appelée
Valentine — Ah ! Valentine, réalisez le rêve de ma vie !
Mon cœur est consumé par l'ardeur de ses flammes et,
seule, vous pouvez éteindre l'incendie que... que vos
beaux yeux y ont allumé. » — Ça, je n'ai pas très bien
compris ce que cela voulait dire ! — « Enfin vous êtes ma
reine, mon ange, Valentine ! » — « Oui. » — « Voulez-
vous être ma femme ? »

HENRIETTE, se levant et, vivement.

Et tu as répondu ?

VALENTINE

Oui !... Dame ! j'étais si troublée, je ne savais que
dire !

HENRIETTE

Les hommes sont si entreprenants !

VALENTINE, avec conviction.

Oh ! oui.

HENRIETTE, étonnée.

« Oh ! oui ! » Ah ça, comment le sais-tu ?

VALENTINE, embarrassée.

Mais, cousine !

HENRIETTE, insistant.

Oh ! il n'y a pas de « mais, cousine ! » Et je vois bien
que tu me caches quelque chose ; mais je ne te tiens
pas quitte comme cela, entends-tu bien ? et tu vas m'expliquer...

VALENTINE, s'appuyant sur son épaule.

Eh! bien, oui là! j'aime mieux tout te dire!... A maman je n'aurais jamais osé : avec toi je sens que j'aurai plus de courage. (*Baissant les yeux.*) Ah! ma chère Henriette, si tu savais ce qu'il a fait!

HENRIETTE, inquiète.

Ah! mon Dieu! c'est donc bien grave?

VALENTINE, tout émue.

Oh! oui! c'est grave; c'est-à-dire que, maintenant, il faut qu'on nous marie.

HENRIETTE, l'embrassant avec tendresse.

Est-il possible? oh! pauvre enfant! pauvre enfant!

VALENTINE, avec douleur.

Il m'a embrassée!

HENRIETTE, changeant de ton.

Ah! Tu m'avais fait peur! (*Elle s'assied.*)

VALENTINE, s'asseyant aussi.

Tu ne trouves donc pas cela grave, toi?

HENRIETTE

Mon Dieu! si j'étais ton confesseur, je te dirais : « C'est très grave! » Mais moi, ma pauvre enfant, je n'ai pas le courage de t'en blâmer. (*Avec un soupir.*) Je connais bien trop les hommes!

VALENTINE

Est-il possible!

HENRIETTE

Et si l'on devait se marier pour si peu de chose, je crois qu'il y aurait bien peu de femmes sur la terre qui coifferaient sainte Catherine. (*Elle reprend sa tapisserie.*)

VALENTINE

Alors, cousine, tu ne m'en veux pas?

HENRIETTE

Moi? chère petite!... Oh! pas du tout!... Mon pauvre général me le disait souvent : « L'amour est la meilleure des excuses! »... Et j'étais bien de son avis!

VALENTINE

Mais alors... si ce soir il veut m'emmener dans le petit salon... est-ce qu'il faudra?...

HENRIETTE, vivement.

Garde-t'en bien!... Les hommes sont toujours plus entreprenants la seconde fois que la première!

VALENTINE

Mais comment faire alors? S'il me demande de danser avec lui, je ne puis pourtant pas lui refuser... puisqu'il m'a promis de m'épouser?

HENRIETTE

Oh! je devine ce que tu veux!... Voyons, fillette! Alors tu l'aimes?

VALENTINE, baissant les yeux.

Mon Dieu! je ne sais pas.

HENRIETTE

Bon! je comprends! ça veut dire beaucoup!... Et lui, est-ce qu'il t'aime?

VALENTINE

Il m'adore!

HENRIETTE

Dans ce cas, c'est parfait!... Puisqu'il en est ainsi je parlerai à ta mère et si elle y consent, tu l'épouseras!

VALENTINE, *joyeusement.*

Je l'épouserai! (*Embrassant Henriette tendrement.*) Oh! ma chère Henriette!

HENRIETTE, d'un air moqueur.

Hein! Comme il y a des moments où l'on vous aime!... Ah ça! tu serais donc bien heureuse de te marier, toi?

VALENTINE, avec exaltation.

Me marier, cousine! mais c'est ce que je rêve! Etre appelée madame! Porter des diamants!... Aller au Palais-Royal!...

HENRIETTE

A la bonne heure! Tu as une manière de comprendre tes devoirs conjugaux, toi! Je t'en fais mes compliments.

VALENTINE

Mais, cousine...

HENRIETTE

Enfin! Vous vous aimez : c'est l'essentiel! et puisqu'il t'a promis de t'épouser, je parlerai à ta mère... Mais, au

moins, serait-il bon que je connusse le nom de ton
prétendu ?

VALENTINE

C'est juste!... D'ailleurs je n'ai plus de raisons pour te
le cacher... C'est monsieur de Néryss.

HENRIETTE, stupéfaite.

Monsieur de Néryss! (*Elle pose vivement sa tapisserie.*)

VALENTINE

Oui! Qu'y a-t-il là qui t'étonne?

HENRIETTE

Non! c'est impossible !

VALENTINE

Comment! impossible? mais je t'assure que c'est la
pure vérité.

HENRIETTE

Je te dis qu'il ne t'aime pas... J'en suis sûre.

VALENTINE

Mais puisqu'il me l'a dit!

HENRIETTE, se levant.

Bah! Tu crois à ces choses-là, toi!

VALENTINE, se levant aussi.

Et pourquoi ne m'aimerait-il pas, après tout?

HENRIETTE

Parce que... parce qu'il ne t'aime pas!

VALENTINE

Mais puisqu'il doit m'épouser, là !

HENRIETTE

Eh bien, et moi aussi, là !

VALENTINE, stupéfaite.

Il doit t'épouser ?

HENRIETTE

Oui !

VALENTINE

Il a demandé ta main ?

HENRIETTE

Il va me la demander ce soir !

VALENTINE

Oh ! mais moi c'est déjà fait : voilà la différence !

HENRIETTE

Bah ! Qu'est-ce que cela prouve ? Pour ces messieurs, le mariage n'est-il pas le pseudonyme de l'amour ?

VALENTINE

Mais...

HENRIETTE

Et puis d'ailleurs, tu ne lui conviens pas du tout. Tu es bien trop jeune pour lui.

VALENTINE

Comment ! mais c'est un jeune homme.

HENRIETTE

Lui! un jeune homme? Il a trente ans : c'est tout au plus un homme jeune! voilà tout! Va, je te dis que tu ne lui conviens pas du tout.

VALENTINE, impatientée.

Enfin, que veux-tu? Cela me regarde, et comme tu m'as promis de demander à maman...

HENRIETTE

Moi? demander à ta mère!... ah! non, par exemple!... Je ne veux pas que tu puisses me reprocher un jour d'avoir fait ton malheur.

VALENTINE

Mon malheur!

HENRIETTE

Mais dame! Tu vois bien qu'il ne t'aime pas sérieusement.

VALENTINE

Comment cela?

HENRIETTE

Puisqu'il me fait aussi la cour à moi.

VALENTINE

Mais...

HENRIETTE, s'échauffant petit à petit.

Et qui te dit qu'il n'agit pas de même avec toutes les femmes?

VALENTINE, agacée

Oh!

HENRIETTE

Et cet homme-là serait un mari fidèle!... allons donc!

VALENTINE

Pourquoi veux-tu l'épouser alors?

HENRIETTE, embarrassée.

Pourquoi je veux l'épouser?...

VALENTINE

Dame! il en sera pour toi comme pour moi! Et je suppose que ce n'est pas pour l'unique agrément d'avoir un mari volage que...

HENRIETTE, un peu sèchement.

D'abord, il n'est pas question de moi en ce moment... Et puis je te dirais que ce n'est pas du tout la même chose... Une veuve a, sur cette matière, plus d'expérience qu'une jeune fille.

VALENTINE

Mais...

HENRIETTE

Et d'ailleurs, toi non plus tu ne l'aimes pas! Mais non! Si tu veux l'épouser, c'est par caprice... pour aller au Palais-Royal.

VALENTINE

Mais, quand je te dis...

HENRIETTE

Ah! bah! tout cela, ce sont des amours de petites
filles! un feu de paille! Cela brûle, mais ne dure pas!...
Va, ma chère enfant, je sais très bien ce qu'on éprouve à
votre âge. Apercevez-vous un jeune homme? Crac! votre
tête s'exalte! S'avise-t-il de vous faire un compliment,
le moindre brin de cour? oh! alors, c'est évident! il va
vous épouser!... et pour peu que vous ayez lu des romans,
vous vous étonnez que le beau jeune homme ne vous
demande pas la permission de vous enlever!... Oui,
voilà comme vous êtes à votre âge! Des amourettes,
soit! je vous l'accorde! Mais un amour sérieux? Allons
donc! non! non! non! mille fois non!

VALENTINE, aigrement.

Tu ne parlais pas précisément comme cela tout à
l'heure!

HENRIETTE

C'est que j'ai réfléchi!

VALENTINE

Bien rapidement alors! car ce n'est que depuis que
j'ai prononcé le nom de monsieur de Néryss que...

HENRIETTE, vivement.

Que veux-tu dire?

VALENTINE

Je veux dire que je sais bien pourquoi tu parles de la
sorte... et que les meilleurs avocats sont toujours ceux
qui défendent leur propre cause.

HENRIETTE

Là ! je m'y attendais !... De l'aigreur !... Parce que je te
dis des vérités sur monsieur de Néryss, alors cela te
fâche ? Eh bien ! veux-tu que je te dise ?... Epouse-le ! Tu
pourras te vanter d'avoir un mari charmant... trop charmant même... surtout avec les autres !

VALENTINE, avec mauvaise humeur.

C'est ça, moque-toi de moi à présent ! Tiens ! vrai ! tu
n'est pas gentille !

HENRIETTE

Voyons, Valentine !

VALENTINE, sèchement.

Laisse-moi tranquille !

HENRIETTE, s'asseyant.

Ah ! Tu veux bouder ?... à ton aise ! seulement quand
tu auras fini, tu auras la bonté de me le dire. (*Un instant
de silence. Valentine tourne à demi le dos à Henriette.
Cette dernière prend un journal sur la table et se met à
lire. Tout à coup, elle pousse un cri.*)

HENRIETTE, se levant en sursaut.

Ah ! mon Dieu, que vois-je ? Monsieur de Néryss...

VALENTINE, vivement.

Monsieur de Néryss ! Qu'y a-t-il ?

HENRIETTE

Le perfide ! Il se marie.

VALENTINE

Il se marie !

HENRIETTE

Tiens ! lis plutôt ! (*Lisant.*) « On annonce le mariage prochain de monsieur Raoul de Néryss avec mademoiselle de Stainfeld ! Cette toute charmante personne... » (*Parlé.*) Toute charmante !... Est-il possible ! Elle louche ! — « Cette toute charmante personne apporte à son mari la jolie dot de deux cent mille livres de rente ! Hâtons-nous de dire que M. de Néryss, qui est un galant homme... » — (*Parlé.*) Un galant homme, lui ! — « qui est un galant homme, n'a vu dans ce mariage qu'un mariage d'amour ! » — Oh ! le traître !

VALENTINE, qui, pendant cette lecture, est tombée sur un fauteuil tout accablée.

Qui aurait jamais pu s'attendre à cela, mon Dieu !

HENRIETTE, très agitée.

Oh ! les hommes ! les hommes ! les voilà bien !

VALENTINE, avec douleur.

Et il disait qu'il m'aimait !

HENRIETTE, même jeu.

Non, tenez ! Ils ne valent pas la corde pour les pendre ! Et c'est là l'homme que tu voulais épouser ? Et tu crois que je t'aurais laissé faire cette bêtise ?... Oh ! non, par exemple !

VALENTINE

Hélas ! cousine...

HENRIETTE

Ah ! oui, tu pousses des soupirs à présent, tu me dis :
« Hélas ! cousine ! » Mais, tout à l'heure, lorsque je cherchais à te dissuader, lorsque je te disais que tu faisais
une sottise, tu te fâchais, et tu m'en voulais, j'en suis
sûre, de prendre ainsi ton intérêt contre toi même ! Eh
bien ! tu reconnais à présent combien j'avais raison ! Mais
non, tu ne voulais rien entendre !... Et si je t'avais écoutée, j'aurais été demander à ta mère... et j'aurais, moi,
participé à ton malheur futur... Ah ! tiens ! Valentine, tu
ne mérites pas qu'on te plaigne !

VALENTINE, tristement.

Henriette, tu me fais de la peine !

HENRIETTE

Cela t'apprendra à m'écouter à l'avenir !

VALENTINE

Hélas ! cousine, comment pouvais-je savoir ?

HENRIETTE

C'est vrai !... le perfide ! Moi aussi je m'y étais laissé
prendre !... Oh ! mais, va ! maintenant, je ne le regrette
pas !

VALENTINE, vivement.

Oh ! ni moi non plus, certes ! (*Tristement.*) Et pourtant,
je ne sais pas, il me semble que cela me fait quelque
chose.

HENRIETTE

Que vois-je, tu pleures ?

VALENTINE, s'essuyant vivement les yeux.

Moi, non, cousine !

HENRIETTE

Enfant ! A quoi bon me cacher tes larmes ? Tu n'as pas à en rougir !... La honte n'est pas pour celui qui les verse (*L'embrassant.*), mais pour celui qui les fait couler.

VALENTINE, avec effort.

N'importe, je ne pleurerai pas ! Ces larmes, il ne les mérite point.

HENRIETTE, tendrement.

Hélas ! ma pauvre chérie ! tu n'as pas été heureuse dans ton premier amour !... Mais qu'une chose te console. Dis-toi bien que tu aurais pu être bien plus malheureuse en devenant sa femme.

VALENTINE

C'est vrai, cousine, aussi je ne veux plus penser à lui, et je l'oublierai, je te le promets !

HENRIETTE

C'est ce que tu feras de mieux, fillette !

VALENTINE, avec douleur.

Et je le haïrai !

HENRIETTE, vivement.

Oh ! cela, garde-t'en bien, ma pauvre enfant... tu l'adorerais !

VALENTINE

Moi, l'adorer ? Jamais !

HENRIETTE

Oh! toi tout comme une autre! Va!. nous sommes toutes les mêmes, nous autres femmes! aussi ne cherche pas à le haïr, n'essaye même pas de le juger; car si ta douleur le condamnait, ton amour trouverait encore une excuse pour le justifier.., Oublie-le : voilà tout! et quand l'oubli sera peu à peu entré dans ton cœur, quand l'amour ne sera plus là pour excuser cet homme, alors tu verras comme tu le mépriseras et comme tu remercieras le ciel des pleurs qu'il t'aura fait verser.

VALENTINE, avec tendresse.

Ma chère Henriette!... tu es bonne, toi... tu cherches à me consoler : tu ne veux pas que je pleure!

HENRIETTE, vivement.

Mais certainement non, je ne veux pas que tu pleures! Eh! que diraient nos invités s'ils te voyaient de la sorte? Je veux que tu sois gaie, au contraire, que tu ries, que tu danses, que tu t'amuses enfin!... Allons, fillette! embrasse-moi! (*Elles s'embrassent.*) Et maintenant, mademoiselle de Stainfeld, vous pouvez épouser notre futur!

Fin.

UNE FLÈCHE

Comédie en un acte

Par M. Leopold LALUYÉ

PERSONNAGES

RAOUL DESVRIGNY, peintre.
MATHILDE, sa femme.
JOSEPH, domestique.

A Paris, de nos jours, chez Desvrigny.

UNE FLÈCHE

Un atelier de peintre. — Au 1er plan, à droite, porte fermée par une tapisserie. — Au fond une large fenêtre donnant sur la rue. — A gauche, un meuble ancien, mais assez bas, et au-dessus duquel est fixée au mur une panoplie composée de vieilles armes, et de flèches exotiques. — Meubles de chêne, fauteuils, châssis, chevalet et tableaux ornent à profusion l'atelier de Desvrigny.

SCÈNE PREMIÈRE

RAOUL, MATHILDE.

RAOUL, entrant.

Madame Desvrigny, j'ai bien l'honneur de vous saluer.

MATHILDE

Monsieur mon mari, je suis bien votre servante.

RAOUL

Par quel heureux hasard ai-je le plaisir de te rencontrer dans mon atelier ?

MATHILDE

J'y venais tout simplement chercher ce crayon, que

je te prie de vouloir bien me prêter pour le tracé de ma broderie. A mon tour, oserai-je te demander pourquoi tu reviens si tôt ; je te croyais absent pour toute la journée ?

RAOUL

Par la raison toute simple, ma chère amie, que j'ai oublié mon porte-monnaie. Décidément il faudra me le suspendre au cou, comme un scapulaire. J'aurais pu demander, il est vrai, de l'argent à ta tante ; mais je m'en suis tenu au déjeuner qu'elle m'a offert, du reste, très gracieusement et qui était succulent. Elle fait bien les choses, ta tante. (*Il l'embrasse sur le front.*) De sa part (*Autre baiser.*) et de la mienne.

MATHILDE

Voilà une petite mission fort consciencieusement remplie.

RAOUL

Serais-je importun, par hasard ?

MATHILDE

Non, tu es fantaisiste, et je ne m'en plains pas. Toutefois, ces explosions soudaines de tendresse...

RAOUL

Eh bien, après ?

MATHILDE

Sont d'agréables explosions, voilà tout. Eh bien, mon ami, es-tu satisfait de tes élèves ?

RAOUL

Je suis si peu exigeant! Les laides travaillent beaucoup... pour les autres, toutes gentilles à croquer, mais paresseuses, à vous en donner des bâillements. Ah! comme je leur offrirais bien ma démission, à ces adorables mioches, n'était la crainte de déplaire à ta tante, leur respectable directrice! C'est si ennuyeux les leçons de dessin! et cela fait perdre tant de bonnes heures de travail.

MATHILDE

Le fait est que ma tante en serait bien désolée, elle qui t'aime beaucoup et qui me dit toujours tant de bien de toi! Et pourtant, avant de te connaître, elle me conseillait assez de ne pas me remarier.

RAOUL

Te repentirais-tu, ma chère Mathilde, de ne pas l'avoir écoutée?

MATHILDE

Non, Raoul. Le cœur a des intuitions qui trompent rarement; et le mien dut être un sûr conseiller, le jour où j'ai consenti à être ta femme. Ma digne tante, après tout, m'avait vue si malheureuse avec M. d'Albertin, qu'elle pouvait craindre...

RAOUL

Tous les hommes ne sont pas joueurs et débauchés.

MATHILDE

C'est aussi le raisonnement que je me me suis tenu.
Et puis, s'il faut tout dire, je suis de celles qui aiment à
tenter le sort ; et comme la destinée me devait des com-
pensations...

RAOUL

C'est à moi que tu les a demandées, n'est-ce pas ?
Aussi je t'en remercie pour nous deux. (*A part.*) Chère
petite femme ! si elle savait...

MATHILDE

Et dire que voilà déjà deux ans que nous sommes
mariés !

RAOUL

Il me semble encore que c'est d'hier. Le temps passe
si vite... en amour !

MATHILDE

Dis-tu vrai ?

RAOUL

Comme la vérité elle-même. A propos, ma chère
amie, tu sauras que je ne dînerai sans doute pas avec
toi aujourd'hui.

MATHILDE

Vraiment ? Et pour quelle raison ?

RAOUL

Parce que... — J'allais même t'envoyer un télégramme
sans ce maudit porte-monnaie qui m'a forcé de revenir,
— parce que je viens de prendre rendez-vous avec

Richardon, notre grand chimiste, lequel désire me présenter à un riche amateur de peinture, qu'il a, dans cette intention, convié à un grandissime festin. Si je pouvais lui vendre mon tableau de la mort d'Ophélia à ce Crésus, hein ? Quelle bonne affaire ! D'autant plus que ce monsieur n'achète d'habitude que des œuvres. Ce serait donc honneur et profit tout à la fois.

MATHILDE

Tiens, mais voilà une bonne nouvelle ! Seulement M. Richardon a eu tort de ne m'en pas parler avanthier, lorsqu'il a dîné avec nous.

RAOUL

Il n'en savait rien encore. Hier seulement il a vu l'amateur en question ; et c'est en allant donner ma leçon chez ta tante que j'ai fait la rencontre de Richardon, qui venait ici pour m'en dire deux mots et m'inviter en même temps.

MATHILDE

Eh bien, mon ami, il ne faut pas manquer cette bonne occasion. Je dînerai toute seule, ainsi que cela m'arrive quelquefois.

RAOUL

Est-ce un reproche, ma chère amie ?

MATHILDE

Ma foi non. Je sais bien que je ne puis te suivre partout et que ta position d'artiste, qui commence à devenir célèbre, t'impose certaines visites auxquelles je dois rester tout à fait étrangère. Ta gloire naissante me récom-

pense assez de ces privations et je les subirai toujours
sans me plaindre.

RAOUL

Tu es une adorable femme.

MATHILDE

A quelle heure ce rendez-vous ?

RAOUL

A quatre heures ; on ne se mettra pas à table, il est
vrai, avant sept heures ; mais le temps de causer... et
avec Richardon on n'en finit jamais... Toutefois, comme
il n'est que deux heures, il me reste encore un peu de
temps pour travailler à mon tableau. (*Il se place devant
un chevalet sur lequel est une toile ébauchée.*) Regarde
comme il avance. Est-il de ton goût ?

MATHILDE, appuyée sur l'épaule de Raoul.

Charmant !

RAOUL

Flatteuse !

MATHILDE

Seulement, mon ami, permets-moi une toute petite
observation.

RAOUL

Une seule ? c'est bien peu !

MATHILDE

Il me semble que là, entre la table et le vieillard qui
reconduit la jeune fille, il y a un vide, comme une

lacune qui aurait besoin d'être comblée. Ne trouveras-tu pas comme moi que cela fait tache dans le tableau ?

RAOUL

Sans aucun doute. Aussi vais-je y mettre un vase, des fleurs, des armes, enfin un fouillis de toutes sortes de choses. La scène se passe dans un cabinet d'antiquaire ; et quelques bibelots par-ci par-là sont de rigueur. Regarde mon esquisse et tu verras que ton observation a été prévue. Je vais même m'occuper de ces derniers détails.

MATHILDE

En somme, tout cela me paraît charmant. Elle est gentille, la petite femme. Seulement, mon ami, est-ce que tu trouves qu'elle me ressemble ?

RAOUL

Dame ! c'est toi qui as posé...

MATHILDE

Ce n'est pas une raison. Tiens, regarde : je n'ai pas ce nez là ; ma bouche est un peu plus petite ; je ne veux pas dire qu'elle soit vraiment jolie, mais elle est plus petite. Et les yeux... en définitive, il n'y a rien, mais rien, rien de moi.

RAOUL

Alors c'est qu'il y en a d'une autre. Est-ce cela que tu veux dire ?

MATHILDE

C'est bien possible.

RAOUL

De qui donc ?

MATHILDE

D'une autre à laquelle tu pensais. Le sais-je, moi ?
Peut-être de personne, je préfère le croire.

RAOUL

Vraiment ? Tu me donnes cette preuve de haute confiance ! Serais-tu jalouse, par hasard ? Un charmant
défaut qui prouve toujours un peu d'affection.

MATHILDE

Non, mon ami. M. d'Albertin m'a tristement guérie
de cette faiblesse.

RAOUL

Il n'est pas question de M. d'Albertin, mais de ce
tableau que tu vois tout de travers. Tiens ! ma chérie, tu
me ferais dire des absurdités ; et je préfère combler la
petite lacune qui te choque dans mon tableau. (*Il se
lève.*) Un vieux vase, un bout de draperie et quelques
armes. J'espère bien cette fois, madame, que vous ne
serez pas jalouse des modèles.

MATHILDE

Pas plus de ceux-ci que des autres.

RAOUL

Voilà qui me rassure. (*Il va prendre, mais tout en
chantonnant quelque refrain, un riche tapis et en drape
un guéridon qu'il place en face de son chevalet, un peu à
gauche. Sur le guéridon il met un vase du Japon rempli
de fleurs et arrange le tout aussi artistement que possible. Puis après avoir décroché un riche kandjar de la*

panoplie, qu'il considère un instant, il s'arrête.) On a touché à mes flèches ! Mais qui est-ce qui a donc touché à ces flèches ?

MATHILDE

C'est à moi que tu parles ?

RAOUL

Ce n'est pas à mon chevalet, je suppose. Il est évident qu'on a touché à ces flèches, et malgré ma défense. Je m'en aperçois bien ; ce n'est pas ainsi que je les avais placées. Quelle imprudence ! des flèches empoisonnées.

MATHILDE

En tout cas ce n'est pas moi. C'est à peine si j'ose les regarder.

RAOUL

Alors ce doit être Joseph qui... Je vais bien voir. *(Il sonne.)*

MATHILDE

Joseph est sorti.

RAOUL

Eh bien, je vais interroger la femme de chambre. *(Il sonne de nouveau.)*

MATHILDE

Juliette n'y est pas.

RAOUL

Autre agrément ! Toujours est-il qu'on a touché à ces flèches. *(La pendule sonne une demie.)*

MATHILDE

Ah ! mon Dieu ! Et moi qui oublie que ma couturière m'attend chez elle depuis une heure !

RAOUL

Pour essayer cette robe splendide que je suis si impatient de te voir porter ?

MATHILDE

C'est cela même.

RAOUL

Vas-tu être belle, enveloppée dans ces plis majestueux !... En velours noir, n'est-ce pas ?

MATHILDE

Justement.

RAOUL

Avec cette belle garniture de boutons ?...

MATHILDE

Non, j'ai changé d'avis.

RAOUL

Ah ! Et pourquoi ?

MATHILDE

Parce que, mon ami, cela me coûterait beaucoup plus cher ; et les ressources de mon budget...

RAOUL

Ne suis-je pas là ? moi ? et n'ai-je pas le droit d'attacher tes robes moi-même ? (*Il ouvre le tiroir d'un bahut et prend un billet de banque. Le présentant à Mathilde.*) Sur ce, Madame, daignerez-vous me permettre de vous offrir la garniture susdite?

MATHILDE, acceptant le billet.

Ah! mon ami, quelle folie!

RAOUL

Ne suis-je pas assez heureux pour être un peu fou? Si la Providence me traite en enfant gâté, ce n'est pas pour moi seul, je suppose.

MATHILDE, après avoir jeté un regard furtif sur le billet.

D'abord, mon ami, tu me donnes plus qu'il ne faut...

RAOUL

Eh bien, ma chère, ce sont tes pauvres que cela regarde.

MATHILDE

Es-tu généreux! Es-tu bon! Au revoir, mon ami, amuse-toi bien.

RAOUL

Ma foi, je ne suis guère en train. A ce soir, ma chérie. (*Il lui embrasse la main.*)

MATHILDE, à part.

Ah! s'il était toujours ainsi! (*Elle sort.*)

SCÈNE DEUXIÈME

RAOUL, seul, chantonnant.

La voilà partie. Traderi, deri... Il est juste au moins que je la dédommage un peu de... du petit accident qui la menace. Ah ! si elle s'en doutait seulement... Après tout, elle est si peu jalouse ! Quoi qu'il en soit, je sens poindre quelques remords dans les bas-fonds de ma conscience... Bah ! des bêtises !... le manque d'habitude.... cela s'évaporera. Et mon porte-monnaie que j'allais encore oublier. (*Il prend le porte-monnaie posé sur un meuble, et en examine le contenu.*) Eh bien, oui, c'est mal d'aller à ce rendez-vous et je devrais... Parbleu ! je devrais me dépêcher, car le temps se passe. (*Il regarde à sa montre.*) Mais non, il me reste encore trois quarts d'heure avant de m'embarquer pour ce voyage à Cythère — en seconde classe. (*Examinant la toile qui est sur son chevalet.*) Il n'est pas mal, mon petit tableau... Satanés remords !... C'est égal, on a touché à mes flèches; et les a-t-on ridiculement replacées ! Si je ne m'en mêle pas, ça aura toujours l'air aussi bête. (*Il s'aide d'un escabeau pour atteindre jusqu'à la panoplie. Puis, au moment où il se dispose à replacer les susdites flèches, une de celles-ci tombe et lui meurtrit la main gauche. Il descend précipitamment de l'escabeau.*) Piqué ! Maudite flèche ! Oui, ma main saigne. Le poison va produire son effet ; et c'est la mort. Mais non, je me trompe. Elle ne peut être empoisonnée, cette flèche. Je rêve ou j'ai mal lu la lettre de Maurice. (*Il ouvre le tiroir d'un bahut et en tire un paquet de lettres. Cherchant parmi les lettres.*) Ce n'est pas celle-ci, ni celle-là... La voici... non... Je ne sais plus ce que je fais. Du calme, morbleu ! du calme !... (*Ouvrant avec précipitation et lisant.*) « Pauvre ami, ce n'est pas amusant tous les jours de vivre. » — Il en parle bien à son aise ! (*Continuant.*) « Si tu savais combien... ma sœur a une manie... Amateur d'armes » — C'est cela — « Accepte ces deux flèches de sauvage, mais surtout ne t'avise jamais de te nettoyer les ongles avec. Trempées dans le curare, un poison qui ne badine pas, ces flèches sont inexorables, et la moindre de leur piqûre tue sans rémission. C'est l'affaire de vingt minutes et cela commence par une paralysie progressive ; qui plus est, la médecine n'y peut rien. » — Alors, je n'ai plus qu'à attendre... vingt minutes ! (*Regardant à sa montre.*) Il est quatre heures moins vingt ; ce sera donc pour quatre heures... Mais un médecin ! Je veux un médecin ! (*Appelant.*) Joseph ! — Non ; d'ailleurs, à quoi servirait-il ? Le temps d'aller chez lui et de l'amener... et puisque la médecine n'y peut rien, le médecin ne pourrait pas davantage. Attendons ! (*Il se jette anéanti dans un fauteuil.*) A trente-quatre ans, s'en aller ainsi, sans autre raison qu'une simple piqûre ! — Ah ! c'est bête et c'est épouvantable ! Du moins, si je pouvais retarder, par le moyen d'une ligature, peut-être... Oui, mais avec quoi ? (*Il cherche partout.*) Pas un bout de corde seulement. Ça, c'est le mouchoir de Mathilde, la pression m'en sera douce, au moins, et ce sera comme un dernier serrement de main. (*Il enroule le mouchoir autour de son poignet.*) Je ne ferai que retarder... c'est horrible ! Mais j'y songe, : sans aucun doute, ces flèches ont été déplacées. Si le bonheur voulait... Qui sait ?

Joseph est revenu ; il me semble entendre ses pas. Par lui, je pourrai savoir... (*Il sonne : Joseph entre.*)

SCÈNE TROISIÈME

RAOUL, JOSEPH.

JOSEPH

Monsieur me demande ?

RAOUL

Oui, voyons, Joseph, soyez franc. On a touché à ces flèches, n'est-ce pas ?

JOSEPH

A ces flèches, Monsieur ?

RAOUL

Mais oui. Voyons, vite, répondez.

JOSEPH

Moi, Monsieur, toucher à cela !... Oh ! comme Monsieur me connaît peu ! Moi qui tiens tant à la vie.

RAOUL

Alors si ce n'est pas vous, c'est Juliette.

JOSEPH

Juliette ? Pauvre fille ! Elle est bien incapable d'une telle témérité. Mais songez donc, Monsieur, c'est la mort !

RAOUL

Eh parbleu ! je le sais bien. Alors c'est Madame ?
Voyons, avouez-le. Elle n'en saura rien.

JOSEPH

Je ne connais pas les idées de Madame ; mais je suis
on ne peut plus certain que la peur de quitter Monsieur
pour toujours empêcherait Madame de commettre cette
imprudence. D'ailleurs...

RAOUL

C'est bien, laissez-moi. (*Joseph s'incline et sort.*)

SCÈNE QUATRIÈME

RAOUL, puis MATHILDE.

RAOUL

Dernière lueur d'espérance, te voilà éteinte. Mathilde
va revenir ; du moins qu'elle ne se doute de rien ! Mais
va-t-elle revenir assez à temps ? Je voudrais pourtant la
revoir avant de... Mais, j'y songe : moi, mort, elle est
dépossédée... Non, cela ne doit pas être. (*Il va à une
table et écrit.*) Pauvre chère femme ! Que ces lignes, les
dernières que je tracerai, lui soient du moins consacrées.
(*Mathilde entre ; Raoul cache précipitamment la lettre.*)

MATHILDE, à part.

Il écrivait ! (*Haut.*) Tiens, je te croyais déjà bien loin.
Je ne te renvoie pas, mais il est quatre heures moins
un quart et tu vas manquer ton rendez-vous.

RAOUL

Non. J'ai encore le temps. D'ailleurs, avec Richardon
il faut être en retard pour le trouver exact.

MATHILDE

Je t'ai dérangé, sans doute?

RAOUL

Est-ce que tu me déranges jamais!

MATHILDE

Il est vrai que j'aurais dû frapper avant d'entrer ; ne
fût-ce que pour te donner le temps de cacher la lettre
que tu écrivais.

RAOUL

Ce n'était pas une lettre, mais un simple croquis à la
plume. Je te le montrerai quand il sera terminé ; nous
verrons s'il te plaît.

MATHILDE

N'importe, je veux le voir tout de suite ; je te donnerai des conseils.

RAOUL

Non, pas encore.

MATHILDE

Je vous dis que je veux voir cette lettre, car c'en est
une.

RAOUL

Eh bien, oui, mais pas encore. Dans une heure tu la
verras. Elle est là ; tu la prendras toi-même. Je ne te
demande qu'une heure.

MATHILDE

Le temps, sans doute, d'en fabriquer une autre... Mais je reste ici, je vous en avertis, je ne vous quitte pas.

RAOUL

Oui, reste près de moi, là, dans mes bras. (*L'attirant vers lui.*) Plus près.

MATHILDE, se dégageant de ses étreintes.

Laissez-moi. Vous êtes tout pâle encore de l'émotion que vous a causée mon arrivée ; car vous ne m'attendiez pas sitôt. Vous avez l'air d'un mort.

RAOUL

Oh oui ! d'un mort... (*A part.*) Il me semble que mes extrémités se refroidissent déjà.

MATHILDE

Ah ! mon Dieu ! Qu'avez-vous donc à la main ?... Tu t'es blessé ?

RAOUL

Peu de chose ; une simple coupure avec mon couteau à palette.

MATHILDE

Alors c'est mon mouchoir que vous prenez pour vous envelopper la main !... De la dentelle pour un bobo ! Et moi, qui le cherchais partout, ce mouchoir ; le seul qui me reste de ma mère. En faire une corde à puits... le déchirer peut-être... Si encore c'était une blessure dangereuse... Je veux mon mouchoir. (*Elle prend la main de Raoul et en retire, avec une certaine vivacité, le mouchoir qui l'enveloppe.)*

RAOUL, à part.

Si elle savait ce qu'elle fait seulement !

MATHILDE

A peine s'il y a du sang. Il ne l'a même pas mis sur la coupure.

RAOUL.

Mathilde, ma bien-aimée, rapproche-toi de moi, mon enfant !

MATHILDE

Que d'amabilité !... Tenez, voulez-vous que je vous dise ? Eh bien, vous avez, depuis quelques jours, de ces effusions de tendresse qui me font peur. Je les connais, ces caresses qui trompent plus encore que la trahison elle-même : et je ne leur ai bien souvent rendu que des larmes... Mais, non, le passé me fait calomnier le présent. Vous êtes un homme loyal, vous, et je ne dois pas craindre la pression de votre main. *(Lui tendant la main.)* Raoul, ta main ! *(Raoul va pour donner la main à Mathilde, mais il recule devant le regard fixe de celle-ci.)* De l'hésitation !

RAOUL

C'est que je... *(A part.)* Mentir ainsi, à la dernière heure ! *(Haut.)* Oui, de l'hésitation, parce que... parce que... j'ai des remords...

MATHILDE

Des remords !

RAOUL

Eh bien, oui. Il est des heures d'expansion dans la vie, des moments où, la conscience troublée, on éprouve le besoin de racheter par un aveu quelques minutes d'erreur ou de faiblesse.

MATHILDE

Eh bien, après ?

RAOUL

Ne doit-il pas y avoir entre mari et femme cette mutuelle confiance où le pardon suit de près l'aveu ? Dis-moi, ma bonne chérie, veux-tu être mon confesseur ?... Mais hâte-toi.

MATHILDE

Votre confesseur ! Voilà un petit emploi qui ne serait pas une sinécure. Eh bien, Monsieur, je vous écoute.

RAOUL

Laisse-moi me mettre à tes genoux, comme dans un confessionnal.

MATHILDE

Soit. (*Elle s'assied. Raoul s'agenouille auprès d'elle.*) Voyons, parlez.

RAOUL

Je m'accuse... Ah comme je suis misérable ! Je m'accuse... aide-moi, je t'en conjure.

MATHILDE

Est-ce que je sais seulement ce que vous avez à me dire ?

RAOUL

On est homme, on est faible... On rencontre quelque part une personne inconnue ; et c'est là son plus grand charme ; on cause avec elle, d'abord sans penser à mal...

MATHILDE

Eh bien, après ?

RAOUL, à part.

Il me semble que ma parole s'embarrasse, le commencement de la paralysie, sans doute...

MATHILDE

Continuez donc.

RAOUL

On cause avec elle ; elle est rieuse et folle ; on devient bavard ; elle est coquette, on devient entreprenant ; un mot imprudent vous engage... le courant vous entraîne, et... et... tu devines le reste, n'est-ce pas ?

MATHILDE, sévèrement.

Oui, Monsieur. (*Elle se lève. Raoul reste à genoux.*)

RAOUL

Mathilde, pardonne-moi.

MATHILDE

D'abord, je vous prie de ne plus me tutoyer. Et cette demoiselle ?... Une danseuse d'opéra, sans doute ?

RAOUL

Une femme qui ne te vaut pas, assurément.

MATHILDE

Et jolie, n'est-ce pas?...

RAOUL

Non, rassure-toi, elle est affreuse.

MATHILDE

Quelle dépravation ! Et comment avez-vous connu cette demoiselle ?

RAOUL

En wagon.

MATHILDE

Un joli endroit! Elle est votre maîtresse, cette créature ?...

RAOUL

Non, non... Mais ne crains rien : elle ne le sera jamais.

MATHILDE

Un amour platonique, alors, une idylle. Voilà qui devient très respectable !

RAOUL

Non, mon ange, un simple caprice, sans résultat, je te le jure.

MATHILDE

Je ne vous crois pas.

RAOUL

Puisque je te le jure.

MATHILDE

C'est qu'apparemment vous n'avez pas encore trouvé l'occasion que vous cherchiez.

RAOUL

Si, aujourd'hui, à quatre heures.

MATHILDE

Ah oui, ce rendez-vous avec M. Richardon pour cette présentation à ce riche amateur. Mais relevez-vous donc, vous avez l'air d'un niais dans cette posture.

RAOUL, se relevant, à part.

Oui ! mes genoux s'ankilosent : le moment fatal qui approche... (*Haut*). Mais tu sais, je n'irai pas à ce rendez-vous.

MATHILDE

Peu m'importe. Allez-y, si bon vous semble. D'abord, il faut y aller. Un galant homme ne doit jamais faire attendre une femme. Allez-y donc! Je veux que vous y alliez, moi.

RAOUL

Et moi, je ne le veux pas. (*A part.*) Il me semble que j'ai le geste moins libre. (*Il remue les bras comme s'il avait des crampes.*)

MATHILDE

Il est inutile de gesticuler ainsi; cela ne me fait pas peur.

RAOUL

Mathilde, je suis sincère et repentant, tu le vois... pardonne-moi.

MATHILDE

Sincère, j'en conviens, pour votre honte ; car il est de ces choses qu'un honnête homme ne devrait jamais avouer, quels qu'en fussent ses remords ; et c'est être doublement indigne que d'ajouter à l'énormité de la faute le cynisme de l'aveu.

RAOUL

Ce n'est pas du cynisme, j'ai tort, eh bien, oui. Mais si tu savais...

MATHILDE

Si je savais ! mais que me reste-t-il donc à apprendre encore ?

RAOUL

Rien de plus, je te le jure ; seulement tu vas m'accuser de superstition ; j'ai comme une peur de mourir subitement. Il y a des gens qui meurent tout à coup. (*Regardant la pendule. — A part*). Quatre heures moins dix !...

MATHILDE

Rassurez-vous, les mauvais sujets ont la vie dure.

RAOUL

Et je ne voudrais pas m'en aller de ce monde sans avoir obtenu le pardon que j'implore à tes genoux. (*Il se jette de nouveau aux genoux de Mathilde.*) Mathilde, mon ange, pardonne-moi, je t'en conjure.

MATHILDE

Jamais, Monsieur ; mais relevez-vous donc : j'aime peu les génuflexions.

18

RAOUL, se relevant.

De l'indulgence, Mathilde! Si tu savais comme cela sied bien à une femme !

MATHILDE

Laissez-moi.

RAOUL

Non, je veux que tu me pardonnes.

MATHILDE, après un moment de réflexions.

(*A part.*) A mon tour. (*Haut.*) Eh bien, soit. Mais ce ne sera qu'un échange : pardon pour pardon.

RAOUL

Comment ?... Je ne te comprends pas.

MATHILDE

Ne voudriez-vous pas admettre, par hasard, qu'une femme eût de même à se faire pardonner certaines... erreurs ?

RAOUL

Hein ? Tu dis ?

MATHILDE

Je dis qu'une femme, même la plus honnète, peut avoir, elle aussi, des reproches à se faire et que nous ne possédons pas plus que vous le privilège de la perfection.

RAOUL

Sans doute, l'épouse la plus vertueuse n'est jamais absolument parfaite.

MATHILDE

Nous avons, nous aussi, des moments d'erreur ou de faiblesse.

RAOUL

Hein? tu dis?...

MATHILDE

Je dis : des moments d'erreur ou de faiblesse.

RAOUL, à part.

Comme je tremble! Est-ce l'effet du poison ou la ter-
reur que me causent ses paroles?

MATHILDE

L'infaillibilité n'est pas de ce monde, et j'ai, comme
vous, grand besoin d'indulgence.

RAOUL

Mais c'est donc une de ces fautes... une de ces fautes
inavouables?... Voyons, Mathilde, hâte-toi; ne me laisse
pas dans cette cruelle incertitude de savoir si, en t'écoutant, je dois rire ou pleurer...

MATHILDE

En effet, vous n'aurez que l'embarras du choix. (*A
part.*) Il souffre! mais c'est bien fait.

RAOUL

Alors parle, parle donc. Tu ne vois donc pas que tu
me fends le cœur avec tes demi-mots? Si c'est un supplice que tu veux me faire endurer, frappe, mais du
moins, frappe d'un seul coup.

MATHILDE

Je frapperai comme ça me conviendra.

RAOUL

Va, tu es encore plus vengée que tu ne le supposes.

MATHILDE

Vraiment? Pas assez toutefois. A votre tour d'être mon confesseur. Seulement, je ne me mettrai pas à genoux. Ecoutez-moi donc : Je m'accuse... Je m'accuse... D'abord, je veux savoir comment elle est, cette créature.

RAOUL

Affreuse, je te l'ai déjà dit... Tu t'accuses?... achève.

MATHILDE

Et son nom?

RAOUL

Je l'ignore. (*A part*). Ah! comme elle me fait souffrir!!!

MATHILDE

Il ne sait pas son nom! Et c'est tout naturel : les femmes de cette espèce n'en ont aucun.

RAOUL

Achève... Tu t'accuses?... (*Quatre heures sonnent à la pendule.*) Quatre heures!... Eh bien non, non, ne t'accuse de rien. Quelle que soit ta faute, je ne veux plus la connaître, car il ne me reste même plus assez de temps pour te la pardonner. Tout à l'heure je regrettais la vie, et maintenant tu me fais aimer la mort. Adieu, Mathilde, il faut nous quitter...

MATHILDE

Un divorce !

RAOUL

Oui, le divorce avec l'existence...

MATHILDE

Un suicide, maintenant ! mais vous devenez fou !

RAOUL, l'attirant à lui

Viens près de moi, dans mes bras et pardonne-moi comme je pardonne. Ta main dans ma main, tes yeux dans mes yeux : c'est ainsi que je veux mourir. Ah ! je t'ai bien aimée, va !

MATHILDE

Mourir ! Tu m'effrayes ! je ne te comprends pas !...

RAOUL

Tu vas comprendre ; tu ne dois plus rien ignorer maintenant. Regarde cette flèche, à terre.

MATHILDE

Après ?

RAOUL

En voulant la remettre à sa place — car tu diras tout ce que tu voudras, on y avait touché, à cette maudite flèche. — Eh bien, elle est tombée et m'a piqué la main...

MATHILDE, vivement.

Raoul, ne crains rien, tu es sauvé.

RAOUL

Sauvé !

18.

MATHILDE

Elle n'est plus empoisonnée.

RAOUL

Dis-tu vrai? Comment?...

MATHILDE

Sans doute. Ces flèches me faisaient tant horreur que je m'étais avisée de demander à ton ami Richardon, qui s'y connaît, le moyen de les rendre inoffensives. Il n'y a qu'à les passer au feu, me dit-il. Alors j'ai donné l'ordre à Joseph de faire cette besogne, mais devant moi, et en lui recommandant de ne jamais en souffler mot. Ce matin donc, pendant que tu étais allé donner ta leçon chez ma tante... (*Lui présentant la flèche, qu'elle vient de ramasser.*) Tiens, regarde ; le bois en est même un peu brûlé.

RAOUL

Ah ! tu m'as sauvé la vie !

MATHILDE

Es-tu rassuré, maintenant?

RAOUL

Enfin je vivrai donc !... Mais cette faute ?

MATHILDE

Tu as assez souffert et tu es assez puni ! Eh bien, cette faute... inavouable, n'est-ce pas ma désobéissance ? Me crois-tu capable d'en commettre une autre ?

RAOUL

Non, Mathilde, non. Je suis un misérable, mais encore digne de ton pardon, je te le jure de nouveau.

MATHILDE

Je vais bien le savoir par cette lettre que tu écrivais, ce prétendu croquis... Je verrai bien par le style si c'est à une femme qu'elle est adressée. (*Elle va prendre la lettre que Raoul a cachée. — Lisant.*) « A Mathilde Desvrigny, ma bien-aimée femme, le legs de tout ce que je possède et ma dernière pensée. » (*Déchirant l'acte.*) Mon ami, je n'accepte que ton repentir... Seulement, tu me jures de ne jamais revoir cette créature sans nom ?

RAOUL

Je te le jure sur mon honneur.

MATHILDE

Hum, ton honneur...

RAOUL

Il est intact, Mathilde.

MATHILDE

Enfin, nous l'avons tous deux échappé belle.

RAOUL

Sur ce, permets-moi de remettre cette flèche à sa place. (*Il monte sur un escabeau et se dispose à remettre la susdite flèche au milieu de la panoplie.*)

MATHILDE

Regarde-la les jours où il te viendra de mauvaises

pensées. Elle te dira, d'abord, qu'il ne faut jamais tromper sa femme, ensuite qu'une femme a parfois raison de désobéir à son mari.

RAOUL, se retournant.

Moi, je réponds : peut-être ; mais la flèche dit : oui, et je me rends

Fin.

LE RIGOLLOT

Comédie en un acte

PAR M. ARMAND DES ROSEAUX

*Représentée pour la première fois à Paris,
le 30 avril 1881*

PERSONNAGES

SYLVANÍE DES CRÉNAUX . . . Mlle M. Legault, du Vaudeville.

LE COLONEL DE LA PANADE. M. A. des Roseaux.

UNE VOIX, dans la coulisse.

LE RIGOLLOT

Le théâtre représente un salon, porte à gauche, croisée au fond avec rideaux de chaque côté : porte à droite, piano à gauche, chaises, guéridon, cheminée à gauche.

SCÈNE PREMIÈRE

SYLVANIE, seule.

(*A la cantonade, en entrant.*) Vous m'entendez, Mathilde ? je n'y suis pour personne, excepté pour le colonel...

UNE VOIX

Oui, madame.

SYLVANIE

Quelle insupportable ville que Paris pour une femme seule ! Depuis un mois que je m'y suis fixée, j'ai assez à faire à me débarrasser d'une foule d'adorateurs. Jeune, veuve et riche, en voilà plus qu'il n'en faut pour être obsédée du matin au soir. « Prenez un défenseur, mariez-vous », me dit le colonel, un vieil ami de ma famille. Grand merci, vous êtes orfèvre, monsieur Josse... Feu monsieur des Crénaux, mon mari, ne m'a pas rendue assez heureuse pour que je désire recommencer !... Et puis, je suis femme à me défendre seule. Tous les prétendants n'ont pas la témérité de ce jeune officier que j'ai rencontré, il y a huit jours, au bal des Orphelins. J'ai eu beau lui dire que j'étais mariée avec un mari... infirme encore... n'a-t-il pas eu l'audace de louer un appartement juste en face de mes fenêtres, qu'il ne quitte pas des yeux ! (*Elle va à la fenêtre.*) Là ! il y est encore. En avant le mari infirme ! (*Elle approche une chaise de la croisée, l'enveloppe d'une robe de chambre qu'elle boutonne, prend un plumeau qu'elle met dans le col et qu'elle coiffe d'un bonnet de coton.*) Et maintenant, consume-toi, bel amoureux !... Voilà pourtant où j'en suis réduite, depuis huit jours, pour avoir un peu de tranquillité. (*On sonne.*) On sonne ; qui ça peut-il être ? (*Elle ouvre la porte.*)

UNE VOIX

Une lettre qu'un commissionnaire apporte pour Madame.

SYLVANIE

Bien, donnez. (*Elle referme la porte, ouvre la lettre et lit.*) « Madame, vos yeux, quoique admirables, ont moins de puissance que les petits verres concaves de ma jumelle marine. Si les vôtres n'ont pu plonger dans mon cœur pour y découvrir mon amour, les miens ont su apercevoir votre supercherie derrière vos rideaux de dentelle. Vous vous êtes moquée de moi, Madame. Je ne vous en veux pas ; mais je vous avertis que je pénètrerai aujourd'hui chez vous, fût-ce par la cheminée ou par la fenêtre, si vous persistez à me refuser votre porte. Signé : Rollant, ex-premier prix de gymnastique à Sant-Cyr. » — Insolent ! est-ce que ce Monsieur va me forcer d'avoir recours à la police pour me protéger?... C'est qu'il est capable de grimper par ma fenêtre comme il le dit! je ne suis qu'à l'entresol. (*On sonne deux fois.*) Ah! voilà le colonel : je vais le prévenir. Non! il en profiterait pour me demander encore d'accepter son épée... et la main qui est au bout. Mon Dieu! mon Dieu!... que faire?... Oh! et mon mari que j'oubliais!... vite, dans ma chambre... (*Elle emporte la chaise habillée et sort à droite.*)

SCÈNE DEUXIÈME

LE COLONEL, un paquet sous le bras.

(*A la cantonade.*) Bonjour, Mathilde, ça va bien, mon enfant? ton ingrate maîtresse est au salon. Ah! friponne, va! (*Il crache. — Entrant.*) Baronne, j'ai bien l'honneur! Tiens, elle n'est pas là! Eh bien! je n'en suis pas fâché, j'aurai le temps de donner un coup d'œil à la glace. (*Il va se regarder.*) Ah! ah! mais je ne suis pas trop rouge aujourd'hui, il me semble. Son reproche m'a été sanglant. Hier soir, comme je devenais plus pressant avec elle : « Colonel, m'a-t-elle dit de sa petite voix câline, vous savez que je vous aime bien ; vous êtes un bel homme, toujours soigné, ciré, pommadé, et, certainement, je serais fière d'être votre femme ; mais pourquoi diable avez-vous le teint si rouge?... » Ah! ça m'a été sanglant, car je l'aime à la folie. — « Soyez tranquille, lui ai-je répondu, c'est le manque d'exercice : je monterai à cheval, et vous verrez... » En rentrant, j'ai dit à mon ordonnance : « A huit heures, demain, mon

cheval et mes bottes... » Ce matin, j'ai fait deux lieues de
galop; en arrivant... j'avais l'air d'un homard... Ça ne
pouvait pas durer; je suis entré chez un pharmacien; la
première fois de ma vie. « Jamais malade, moi, Monsieur,
dis-je à cet apothicaire; avez-vous un remède pour empêcher mon teint d'être aussi coloré?... » — « Posez-vous
des sangsues », m'a-t-il répondu. — « Des sangsues!... j'en
ai mangé en Afrique, ça ne m'a jamais rien fait. » —
« Alors, mettez-vous les pieds dans l'eau. » — « Mais je
ne peux pourtant pas apporter dans le monde un petit
baquet avec une petite bouillotte et me... Ça serait idiot. »
— « Attendez, me dit-il, j'ai votre affaire. (*Il tire sa
boîte de rigollots.*) Voilà une boîte où il y a douze petits
papiers; mouillez-en deux, mettez-les sur chaque cheville, l'effet est certain. » — « Deux feuilles de papier, faire
de l'effet sur mes jambes, moi qui ai fait les campagnes
d'Afrique, au milieu des aloès qui n'entamaient même
pas mon épiderme! Enfin, je les ai mis pour lui faire
plaisir... Après ça, l'effet se produit peut-être en dedans.

SCÈNE TROISIÈME

SYLVANIE, LE COLONEL.

SYLVANIE

Bonjour, colonel.

LE COLONEL

Ah! vous voilà, baronne!... plus belle que Vénus, plus
fringante que Bellone.

SYLVANIE

Oh! un madrigal !... toujours galant, colonel.

LE COLONEL.

Troubadour et soldat. (*Il lui baise la main.*) Comment va la santé ?... excellente ? allons ! tant mieux !... Vous excuserez ma mise, j'arrive de monter à cheval.

SYLVANIE

Ah! déjà le régime ?... Mais savez-vous que c'est la vérité ? vous êtes bien moins rouge aujourd'hui. C'est curieux. Vraiment ? C'est le cheval ? j'aurais cru le contraire. (*Elle s'assied.*) Et que m'apprendrez-vous de nouveau?... J'ai été si occupée, que je n'ai même pas encore parcouru mes journaux !

LE COLONEL

Comment! vous ne savez pas la grande nouvelle?

SYLVANIE

Non; laquelle ?...

LE COLONEL

Eh bien ! on va changer radicalement les chaussures militaires.

SYLVANIE, prenant sa tapisserie.

Ah ! on va changer...

LE COLONEL

Oui... oui... oui... au lieu du soulier, ce sera le brodequin. C'est ce que je disais à l'instant à l'intendant militaire, qui m'a remis en passant le nouveau modèle,

que voilà, du reste. (*Il défait son paquet et tire deux brodequins militaires.*) Peut-on être assez crétin ! Regardez-
moi ça : des brodequins ! Nous n'avions pas de brodequins,
nous autres, en Afrique. Pieds nus dans le sable brûlant ;
aussi les jambes bronzées par le soleil ; éprouvés par les
épines, craignons rien, nous autres, tandis que les soldats
d'aujourd'hui... Ah ! des brodequins ! c'est crevant, ma
parole d'honneur ! (*Il les pose sur une chaise, près du
piano.*)

SYLVANIE

Allons, bon ! mes laines sont encore brouillées. Colonel, voulez-vous me rendre un service ?

LE COLONEL

Comment ! si je veux ? mais trop heureux, baronne !
(*Il tape sa botte.*) Trop heureux... De quoi s'agit-il ?

SYLVANIE

Vous êtes patient !...

LE COLONEL

Ma mère s'appelait Pénélope.

SYLVANIE

C'est une faible raison, enfin ! Voyons, asseyez-vous
là... sur cette chaise. (*Il s'assied et tape l'autre botte.*)
Prenez ce paquet de laine et débrouillez-moi les cou-
leurs.

LE COLONEL

Je mettrai les rouges sur mon genou droit, les bleus
sur le gauche. (*Il tape sa botte.*)

SYLVANIE

C'est ça, vous m'avez compris.

LE COLONEL

Ah! s'il était aussi facile de débrouiller (*Il remue, se gratte.*) les ficelles politiques!... (*A part.*) Sapristi! mais ça me chatouille, ça... (*Haut.*) Nous disons : les rouges par ici... (*A part.*) Mais ça me chatouille très fort... (*Haut.*) Et les bleus... et... (*A part.*) Mais ça me chatouille par là aussi. (*Il débrouille les laines et les casse.*)

SYLVANIE

Ah ! si vous les cassez toutes à petits morceaux...

LE COLONEL

Pardon, c'est pour commencer... (*A part.*) Nom d'un pétard!... que ça me pique! (*D'un mouvement brusque il casse un paquet de laine.*)

SYLVANIE

Oh! non !.. assez!... Vous venez de me gâter un écheveau tout entier. Pour votre pénitence, mettez-vous là, sur ce tabouret, à mes genoux... suis-je assez bonne ?... et donnez vos deux mains : je vais dévider moi-même.

LE COLONEL, hésitant.

Ah ! il faut que je me...

SYLVANIE

Sans doute ! plaignez-vous donc ! Oh ! les hommes ! plus on leur en accorde, plus ils deviennent difficiles. Il y a huit jours, si je vous avais permis ce que je vous offre aujourd'hui, vous seriez déjà à mes pieds depuis longtemps.

LE COLONEL

Voilà, baronne, voilà. (*Il se met à genoux. — A part.*) Sacrebleu! que ça me pique !

SYLVANIE, dévidant.

Hercule aux pieds d'Omphale... Qu'avez-vous donc ?..
vous remuez toujours; vous n'êtes pas bien ?

LE COLONEL

A vos pieds... pourriez-vous croire ! (*A part.*) Satané
apothicaire... mais c'est que ça me brûle maintenant !...
(*Haut.*) Le manque d'habitude, baronne.

SYLVANIE

Mais c'est justement ce qui caractérise les héros, colonel... Rappelez-vous Mucius Scœvola, le poignet fermé
sur le feu.

LE COLONEL, à part.

Oui, c'était le poignet; mais si ça avait été la cheville !
(*A part.*) C'est à ne plus y tenir !

SYLVANIE, ayant terminé.

Là !... voilà qui est fait.

LE COLONEL, se relevant.

Il était temps... (*A part.*) Oh ! il faut que j'ôte ça !...
(*Haut.*) Baronne, voilà six heures, je vais prendre
congé de vous. (*Il prend son chapeau.*)

SYLVANIE, à part.

Partir !... Et l'ex-gymnasiarque qui, d'un moment à
l'autre... Ah !non. (*Haut.*) Du tout, du tout, colonel, je
vous garde à dîner avec moi ; vous ne pouvez pas me
refuser.

LE COLONEL, se promenant à grands pas.

Certainement, baronne, je suis trop heureux... Le
temps d'aller seulement jusqu'à mon cercle...

SYLVANIE

Non, non... vous ne me quitterez pas une seconde... Voulez-vous que je fasse votre partie de domino?

LE COLONEL, à part.

Ah! non, par exemple... il faut que je marche; au moins, ça endort la douleur. (*Il se promène à grands pas. — Haut.*) Oh! baronne, je ne voudrais pas abuser!... (*A part.*) Si je pouvais seulement retirer mes bottes, qui me serrent...

SYLVANIE

Alors, je vais me mettre au piano et vous jouer cette rêverie que vous aimez tant.

LE COLONEL

Ça, c'est une idée charmante; je n'aurais pas osé vous en prier... (*A part.*) De cette façon, je pourrai peut-être... derrière le piano...

SYLVANIE va au piano, et commence à jouer. Le colonel se place derrière.

Pourquoi vous placez-vous là ?.. le son couvrira la mélodie...

LE COLONEL

Oui, mais je ne perdrai pas de vue votre charmant visage... (*A part.*) Pristi !... c'est du feu grégeois que j'ai là dedans. (*Haut.*) Bravo... charmant, ravissant !

SYLVANIE, jouant. Le colonel fait des mouvements des yeux et des bras, et finit par retirer une botte.

Comme cette phrase est jolie, n'est-ce pas ?... Etes-vous comme moi, colonel? Le ton que je préfère, c'est le mineur.

LE COLONEL

Ah ! le major... le majeur a bien son charme... (*A part.*) Et d'une.

SYLVANIE

Qu'est-ce que vous dites ?

LE COLONEL

Moi !... Ah ! j'ai dit : et d'une...

SYLVANIE

Ah ! vous avez assez de celle-là... passons à une autre... *le Printemps*, de Gounod, aimez-vous cela ?

LE COLONEL

Adorable ! adorable ! (*Il fait des efforts, prend les souliers sur la chaise et les met à ses pieds, à la place de ses bottes.*)

SYLVANIE, chantant.

Le printemps chasse les hivers...

LE COLONEL, disparaissant derrière le piano.

Mille francs pour un tire-bottes !... Enfin !...

SYLVANIE

Où êtes-vous donc, colonel ?

LE COLONEL, reparaissant.

J'écoutais les basses, baronne... Il me semble qu'il y a un sol bécarre qui est un peu...

SYLVANIE

Bémol, vous voulez dire ?... Ah ! vous êtes trop difficile aujourd'hui... Je reprends ma tapisserie. (*Elle quitte le piano et va se remettre sur le canapé.*)

LE COLONEL

Difficile, non !... mais j'ai l'oreille juste... (*Il sort avec ses bottes. — A part.*) Où les cacher, à présent ? dans le piano... (*Il essaye.*) Ça n'entre pas. Ah !... derrière ce rideau. (*Il les place derrière les rideaux de la fenêtre qu'il baisse.*)

SYLVANIE, se retournant.

Ah ! ça mais, qu'avez-vous donc, colonel ?

LE COLONEL

Moi ?... mais rien... je suis enchanté, au contraire !

SYLVANIE

On ne le dirait pas... Je vous mets à mes genoux... vous n'y pouvez rester... Vous vous cachez derrière le piano pour critiquer mes cordes, et maintenant, même, au lieu d'être assis à côté de moi, vous vous promenez à grands pas derrière mon canapé, comme un tigre dans sa cage... Voyons, franchement, vous me boudez ?

LE COLONEL

Ah ! baronne !...

SYLVANIE

Si ! vous me boudez, parce que, jusqu'à présent, je n'ai pas voulu que vous me parliez de votre amour... Eh bien, je vous y autorise... là, êtes-vous content ?

LE COLONEL, penché sur le canapé

Si je suis content !... Vous le demandez ?... (*A part.*) Ah ! mais... les bottes ôtées, ça n'était qu'une trève ; voilà

19.

les petits papiers qui recommencent à me piquer !...
(*Haut.*) Ah !... baronne, baronne !

SYLVANIE

Oui, je sais que vous m'aimez ; je crois même que
vous serez un excellent mari... mais avez-vous jamais
pensé aux responsabilités qui vous incomberont, si je
deviens votre femme ? J'aime le monde, colonel, les
bals, les spectacles, les courses... que sais-je ?

LE COLONEL

Mais baronne... (*A part.*) Je sens la sueur qui me
perle. (*Haut.*) J'aimerai, moi, tout ce que vous aimerez...
Nous irons au spectacle tous les jours et aux courses
tous les soirs... je ne sais plus ce que je dis... non... le
contraire... enfin !...

SYLVANIE

J'aime aussi les toilettes, les bijoux, les dentelles...
je suis coquette, enfin...

LE COLONEL, souffrant de plus en plus.

Sapristi !

SYLVANIE

Ah ! vous voyez ! ce mot vous fait bondir !

· LE COLONEL

Bondir, moi ?... au contraire, baronne, si j'ai bondi,
c'est de plaisir... une femme coquette, c'est-à-dire déli-
rante... idéale !... (*A part.*) Oh ! mais c'est un enfer en
petits morceaux ! (*Il se promène à grands pas.*)

SYLVANIE

C'est que, colonel... (*Elle cherche des yeux et se retourne.*) Ah ! vous êtes par là ?... C'est que les spectacles, les toilettes, les bijoux... ça coûte cher... très cher !

LE COLONEL

Eh bien, nous nous ruinerons, s'il le faut... Je suis riche, très riche ! (*A part.*) Puisque je ne puis pas m'échapper, il faut absolument que je la fasse sortir... Oh ! je tiens mon moyen ! (*Il a l'air de chercher autour de lui.*)

SYLVANIE

Que cherchez vous ?

LE COLONEL

Ne trouvez-vous pas ?... mais oui... on dirait... avez vous du feu quelque part, baronne ?

SYLVANIE, se retournant.

Oui, dans ma chambre, je pense.

LE COLONEL

Ne sentez-vous pas une odeur de brûlé ?... Permettez que j'aille y voir ?...

SYLVANIE

Non, non.... tout est en désordre... J'y vais moi-même. (*Elle va ouvrir la porte de sa chambre.*)

LE COLONEL, derrière le canapé, se baisse. Sylvanie se retourne.

Manqué !

SYLVANIE

Votre odorat vous a trompé, colonel... Mathilde a laissé éteindre mon feu. (*Elle referme la porte.*)

LE COLONEL, à part.

Oh ! il faut que je trouve un moyen, il n'y a pas à dire. (*Haut.*) Ainsi, vous êtes bien sûre, baronne...

SYLVANIE

Mais puisque je vous dis qu'il est éteint...

LE COLONEL

Et vous n'en avez pas autre part ?

SYLVANIE

Si, dans la cuisine... mais je ne pense pas...

LE COLONEL

Je ne voudrais pas vous effrayer, mais je ne serais pas étonné que ça vienne de là... Vous ne sentez pas ?...

SYLVANIE

Non, je ne sens rien.

LE COLONEL

Enfin, pour plus de sûreté, je vais y regarder.

SYLVANIE

Dans la cuisine, vous ?... Vous n'y pensez pas ?... Du reste, je vais m'en assurer !... (*Elle sort.*)

SCÈNE QUATRIÈME

LE COLONEL, seul.

Allons donc!... ça n'a pas été sans peine... (*Il se baisse derrière le canapé.*) Satanés petits papiers, mais c'est qu'ils tiennent comme de la poix... et de la poix brûlante, encore!.. Oh! la, la! Aie! voilà qui est fait tout de même!... Maintenant, que vais-je faire de ces débris? Ah! par la fenêtre... (*Il y va.*) Impossible, il y a un monsieur en face, avec une lorgnette... Ah!... dans ma botte... et la boîte... et la boîte... l'infernale boîte qui renferme leurs complices... dans l'autre botte... (*Sylvanie rentre.*) Il était temps!...

SCÈNE CINQUIÈME

SYLVANIE, LE COLONEL.

SYLVANIE

Décidément, mon pauvre colonel, vous n'avez pas de chance. Le fourneau n'est pas allumé et j'ai trouvé un pompier dans la cuisine.

LE COLONEL

Un pompier?

SYLVANIE

Oui, la cuisinière m'a dit que c'était son cousin : je n'ai pas insisté. Mais qu'avez-vous donc? Vous êtes tout pâle; est-ce que vous seriez malade?

LE COLONEL

Baronne, baronne, je vais vous parler franchement. (*A part.*) Non, je n'oserai jamais. Ce serait trop ridicule! que lui dire? Oh! le monsieur d'en face : une scène de jalousie.

SYLVANIE

Eh bien ?

LE COLONEL

Eh bien, baronne, puisqu'il faut vous l'avouer, je suis jaloux, oui, jaloux, car je vous aime avec toute la passion de l'âme la plus ardente : la cendre n'a couvert que mes cheveux, mon cœur a conservé toute sa flamme. Eh bien ! quand je songe que d'autres vous entourent, vous encensent, vous dévorent des yeux comme le jeune freluquet dont la lorgnette ne quitte pas cette fenêtre, je me...

SYLVANIE

Comment! c'est à cause de cela que... (*Riant.*) Mais ce jeune homme qui m'obsède...

LE COLONEL

Ah! vous l'avez remarqué ?

SYLVANIE

Si je l'ai remarqué ! ah ! je crois bien, et si vous saviez quel stratagème j'ai inventé ! Imaginez-vous que depuis huit jours j'avais habillé une chaise avec une robe de chambre et que j'avais coiffé mon plumeau d'un bonnet de coton afin de lui faire croire que c'était mon mari. Malheureusement j'avais compté sans sa lorgnette.

LE COLONEL

Il a deviné le truc.

SYLVANIE

Oui, de sorte qu'aujourd'hui... oh ! mais j'y pense, colonel, vous me devez une réparation éclatante pour le doute que vous avez eu de moi.

LE COLONEL

Commandez, je suis à vos ordres.

SYLVANIE

Eh bien, vous allez entrer dans ma chambre, vous revêtirez la houpelande et le bonnet de coton, et, tendrement appuyé sur mon épaule, vous viendrez à mon bras près de la fenêtre : de cette façon vous serez puni et me vengerez à la fois. Acceptez-vous ?

LE COLONEL

Si j'accepte ! La tête appuyée sur votre épaule, baronne... même en bonnet de coton !... avec ivresse. (*Il entre dans la chambre.*)

SCÈNE SIXIÈME

SYLVANIE, seule.

Ah ! monsieur l'astronome en herbe ! vous avez cru tenir mon secret au bout de votre lorgnette ? Eh bien ! nous allons rire ! (*Elle va vers la fenêtre et aperçoit le bout des bottes sous le rideau.*) Ah ! trop tard ! le misérable a accompli son dessein, je vois ses pieds sous le rideau ; comment a-t-il fait pour ouvrir la fenêtre ? je n'ai rien entendu. Dois-je appeler le colonel ? Non, ce serait faire un esclandre inutile... fermons la porte, au contraire (*Elle ferme la porte de sa chambre.*), et faisons appel à ses sentiments ! Monsieur, il en est encore temps, je pourrais vous perdre, mais je n'en ferai rien. Sortez. (*Elle ouvre la porte.*) Je ne regarderai même pas votre visage. (*On frappe à l'autre porte.*) Il ne bouge pas... Vous entendez, monsieur ? mon mari est ici : partez avant qu'il n'entre, pour l'amour du ciel ! (*On frappe une seconde fois.*) Un instant, colonel... Vous entendez, monsieur ?... il est colonel. Il y va pour vous du conseil de guerre : une dernière fois... voulez-vous sortir ? Non ?... Eh bien ! c'est vous qui l'aurez voulu. (*Elle ouvre la porte de sa chambre.*) Entrez, colonel, venez venger l'honneur de votre femme !

SCÈNE SEPTIÈME

SYLVANIE, LE COLONEL.

LE COLONEL, en bonnet de coton et robe de chambre.

Hein ?

SYLVANIE

Un homme s'est introduit chez moi par cette fenêtre.

LE COLONEL

Où est-il, le misérable ?

SYLVANIE

Là, derrière ce rideau, où il s'est caché, voyez ! on n'aperçoit que le bout de ses souliers.

LE COLONEL, à part.

Mes bottes, ce sont mes bottes, sapristi ! (*Haut.*) Baronne, restez dans votre chambre, je vous en prie : ces
scènes de violences ne doivent pas se passer devant les
femmes...

SYLVANIE

Non, colonel, je ne crains rien, je suis brave, et si
vous étiez blessé...

LE COLONEL

Blessé ! vous, m'aimez donc ? Oh ! bonheur ! Eh bien,
si vous m'aimez, je vous en prie, je vous en supplie,
rentrez dans votre chambre un instant, un seul instant.

SYLVANIE

J'obéis, mais soyez clément, colonel. Pas de sang ré-
pandu. Vous me promettez ? (*Elle sort.*)

LE COLONEL

Soyez tranquille, baronne !

SCÈNE HUITIÈME

LE COLONEL, seul.

(*Il va au rideau, prend ses bottes dans sa main, la boîte
s'en échappe.*) Ah ! misérable ! Je pourrais te tuer comme
un chien, mais je préfère te faire rentrer d'où tu es sorti.
(*Il défait son soulier et met sa botte.*) Tiens, scélérat,
lâche, prends la place qui te convient sous mes pieds,
brigand ! (*Il prend l'autre.*) Allons, plus vite que ça,
dépêche-toi, paltoquet. Là, je te tiens bien ! tu ne sor-

tiras pas sans ma permission... Et maintenant... (*Il ouvre la fenêtre et jette les deux souliers.*) Par la fenêtre, misérable !... tiens !... dégringole !

SCÈNE SEPTIÈME

SYLVANIE ouvre la porte, pousse un cri et va vers la fenêtre.

Ah ! vous l'avez jeté !...

LE COLONEL, lui barrant la vue.

Vous êtes vengée, madame.

SYLVANIE

Décidément il fait bon d'avoir un mari pour vous défendre ! (*Elle se baisse et ramasse la boîte de rigollots.*) Tiens ! qu'est-ce que c'est que ça ?

LE COLONEL, à part.

Ma boîte de petits papiers, à présent !

SYLVANIE

Le malheureux l'aura, dans sa chute, laissé tomber de sa poche. (*Elle la ramasse.*) Tiens, une boîte de rigollots !

LE COLONEL

Vous appelez ça des rigollots ?

SYLVANIE

Oui.

LE COLONEL

Eh bien ! en voilà qui portent mal leur nom, par exemple !

SYLVANIE

Pourquoi ?

LE COLONEL

Pourquoi ? Pourquoi ? Je vous dirai ça après notre mariage. (*Il lui baise la main.*)

Rideau.

LES CLAQUEURS

Idylle moderne

Par M. Jacques NORMAND

PERSONNAGES

DUBATTOIR. . . .	MM. Coquelin aîné.
GALUCHAT	Coquelin cadet.

LES CLAQUEURS

DUBATTOIR et GALUCHAT, assis côte à côte, face au public applaudissent vigoureusement.

Bravo ! bravo ! bravo !

GALUCHAT, bas à Dubattoir, avec désespoir.

Quel métier, tout de même,
Claqueur !

DUBATTOIR, de même.

Un beau métier, au contraire, et que j'aime !
Bien que j'eusse eu du goût pour l'Université !
(S'interrompant.)
Attention !... le chef regarde de côté...
La tirade finit... du cœur et de l'ensemble !
(Applaudissant, ainsi que Galuchat.)
Bravo ! bravo ! bravo !

DUBATTOIR, reprenant la conversation.

Tiens, ce soir, il me semble
Que le public est chaud : on applaudit un peu.

GALUCHAT, de mauvaise humeur.

Le public !

DUBATTOIR, avec un souverain mépris.

Galuchat, il n'y voit que du feu !

Si nous n'étions pas là, sur les plus hauts étages,
Pour marquer les effets, souligner les passages,
Pour lui dire, en un mot, quel est le bon endroit,
Il ne comprendrait rien à la pièce qu'il voit.
                    (Lui montrant le public au-dessous.)
Regarde, là-dessous, ces têtes dénudées
Qui, veuves de cheveux tout autant que d'idées,
S'entassent crâne à crâne, à l'orchestre, aux balcons...
C'est nous qui les menons, nous qui les convainquons !
En vain l'on nous méprise, en vain l'on nous diffame :
Le public sans la claque est comme un corps sans âme !
Pas vrai, dis, Galuchat ?

GALUCHAT

J'écoute, laisse-moi !

DUBATTOIR

Quelle farce !... écouter ?

GALUCHAT, bourru.

Parfaitement !

DUBATTOIR

Pourquoi ?
Tu la connais, la pièce, et l'as déjà claquée !

GALUCHAT

N'importe, elle me plaît !

DUBATTOIR

Une pièce manquée,
Presque un four !

GALUCHAT

Tais-toi donc ! j'écoute !

DUBATTOIR

                                   Tiens, vois-tu,
Galuchat, pour avoir une telle vertu,
Il faut que ton esprit soit malade ou morose.

GALUCHAT, soupirant.

Hélas !

DUBATTOIR

    Dieu !... quel soupir !... Je devine la chose !
Amoureux ?

GALUCHAT

    Eh bien oui ! Dubattoir, c'est l'amour !
J'aime et je veux aimer jusqu'à mon dernier jour !
    (Applaudissant, ainsi que Dubattoir.)
Bravo ! bravo ! bravo !

DUBATTOIR

        Voilà la grande scène !
Avant le dénouement on n'applaudit qu'à peine :
Verse dans mon gilet le trop plein de ton cœur...

GALUCHAT

Oui, je suis amoureux... amoureux et claqueur !

DUBATTOIR

Amoureux ! je le suis aussi !... mais je te jure
Que l'amour à mes yeux n'est point une torture,
Mais un sentiment doux, adorable, enchanté,
Et qui me fait claquer avec plus de gaîté !

GALUCHAT

Ah ! tu n'as point souffert, pour parler de la sorte,
Dubattoir, toi dont l'âme est, comme la main, forte,
Le terrible tourment d'un amour méconnu !
Tu le veux ?... Devant toi je mets mon cœur à nu :
De ce funeste amour apprends les origines.
Il pleuvait... Elle avait de charmantes bottines
Et deux petits petons vifs, alertes et gais,
Qui, sous un jupon blanc, trottaient le long des quais.
Or, est-ce là l'effet du métier que j'exerce ?
Me servant de mes mains dans mon noble commerce,
Senté-je plus qu'un autre, et par revirement,
Tout ce qu'un petit pied peut avoir de charmant ?
Je ne sais... mais voyant tout à coup ces bottines
S'agiter devant moi, suaves et mutines,
Je fus féru d'amour... et j'emboitai le pas.
Soudain...
(S'interrompant pour applaudir, ainsi que Dubattoir.)
Bravo ! bravo ! bravo !

DUBATTOIR, bas à Galuchat.

Parle plus bas !
Le chef a l'œil sur nous et par ici regarde...
Sans avoir l'air de rien continue et prends garde.

GALUCHAT, reprenant.

Je suivais donc, ému comme un provincial,
Ces petits pieds foulant le sol municipal,
Et cherchais un moyen adroit et peu vulgaire
D'avouer mon ardeur à leur propriétaire...
Quand l'adorable enfant s'arrêta brusquement
Au détour du trottoir, devant l'encombrement

Des voitures venant obstruer la chausssée.
Alors, prenant courage : « O dame bien chaussée !
Lui dis-je, je voudrais... si vous vouliez... il faut... »
Soudain l'émotion me saisit : plus un mot.
(Je fus, dès le berceau, timide avec les femmes.)
Elle me regarda de ses yeux pleins de flammes :
Alors tremblant, ému, les regards interdits,
Ne pouvant pas parler, que fis-je ?... J'applaudis !
Le métier, le métier me prenait à la gorge !
Claqueur, j'applaudissais comme un forgeron forge,
Et, voulant rendre hommage à ses attraits coquets,
Enthousiaste, ardènt, transporté... je claquais !
        (S'interrompant pour applaudir ainsi que Dubattoir.)
Bravo ! bravo ! bravo !

DUBATTOIR

Poursuis, tu m'intéresses.

GALUCHAT

Devant l'effusion de ces brusques tendresses,
Me prenant pour un fou, la dame au pied charmant
Me foudroya de l'œil et fila promptement.
Comme tu penses bien, je volai sur ses traces...
Mais, hélas ! échappant à mes regards voraces,
Au milieu de la foule elle s'évanouit !
Depuis lors, Dubattoir, ce rêve me poursuit...
Sans cesse sur les quais tristement je chemine,
Mais je ne trouve plus sa charmante bottine,
Et la nuit seulement en songe je puis voir
Sous un jupon coquet trottiner un pied noir !
        (Applaudissant et riant, ainsi que Dubattoir.)
Ah ! Ah ! Bravo ! Bravo ! Bravo !

DUBATTOIR

                    Ton aventure
Mon pauvre Galuchat, me peine, je te jure,
Mais ne m'étonne point, car le plus grand des maux
Pour un claqueur, ami, c'est de claquer à faux !
Un applaudissement partant à l'improviste
D'un amour entrevu t'a fait perdre la piste :
Un applaudissement à propos rencontré,
M'a donné le bonheur dont je suis enivré.
Comme tu fis pour moi, je veux t'ouvrir mon âme.
Pour voisine, j'avais une charmante femme.
Habitant tous les deux sur le même palier,
Nous nous rencontrions souvent dans l'escalier...
Bref, après plus d'un an de rencontres croisées,
Et suivant le hasard du moment disposées,
Un an de « Passez donc, Madame, s'il vous plaît ! »
Je l'aimais d'un amour profond, ardent, complet !
Mais, malgré mes regards pleins de tendresse folle,
Elle passait, glacée, et sans une parole,
Les yeux toujours baissés dans un chaste embarras,
Son rouleau de musique enchâssé sous le bras...
Car — j'oubliais le point important de l'histoire ! —
Elle suivait des cours pour le Conservatoire,
Cet établissement à bon droit réputé
Pour grandir le talent et former la beauté !
Mais, hélas ! la nature envers elle barbare,
Lui donnait une voix d'une fausseté rare.
Ida, — c'était le nom de l'objet de mes vœux —
Du matin jusqu'au soir secouant ses cheveux
Dans un affolement de gammes régulières,
Rivée au piano des heures tout entières,

S'efforçait d'obtenir soit en haut, soit en bas,
Une note possible... et ne l'obtenait pas.
(On entend un coup de sifflet.)

GALUCHAT, se levant et regardant en bas.

On siffle !

DUBATTOIR, même jeu.

C'est en bas !

GALUCHAT

De la poigne !

DUBATTOIR

A l'ouvrage !
(Applaudissant vigoureusement ainsi que Galuchat.)
Bravo ! bravo ! bravo !

GALUCHAT, se rasseyant ainsi que Dubattoir.

C'est fini !
(Autre coup de sifflet.)

DUBATTOIR, se relevant ainsi que Galuchat.

Non !

GALUCHAT

Courage !
(Applaudissant vigoureusement, ainsi que Dubattoir.)
Bravo ! bravo ! bravo !

DUBATTOIR

Démoli, le siffleur !

GALUCHAT, se rasseyant ainsi que Dubattoir.

Pas de conviction, cet homme !

20.

DUBATTOIR

Quel malheur
D'applaudir par devoir et-toujours et quand même !
Cette pièce est vraiment d'une bêtise extrême !

GALUCHAT

Pas de situations... pas d'esprit... pas de traits...

DUBATTOIR

Si je n'étais claqueur, comme je sifflerais !

GALUCHAT

Mais poursuis ton récit, mon cher, tu m'intéresses.

DUBATTOIR, reprenant.

Donc pour elle j'avais de sublimes ivresses,
Et, bien que mon oreille en souffrît quelquefois,
Ses yeux étaient si purs que j'oubliais sa voix !
Mais comment avouer cet amour ? Comme dire
A ma suave Ida quel était mon délire ?
Ayant un cœur timide et pur comme le tien,
Frère, je me mourais... mais je n'avouais rien.
Quand un soir... Il faisait un froid de Sibérie ;
Me frayant un chemin dans la neige pétrie,
Je revenais chez moi, transi, mais le cœur chaud.
Ainsi que chaque jour, dans la maison, en haut,
Retentissait sa voix aussi fausse que forte.
Chère enfant !... Je sonnai deux fois, trois fois... La porte
Ne s'ouvrait pas. Sans doute, en sa loge endormi,
Mon concierge, bercé par quelque songe ami,
S'allongeant aux côtés de sa compagne austère,
Rêvait qu'il devenait soudain propriétaire,

Car la porte restait fermée obstinément.
Ida chantait toujours. Un affreux tremblement
M'envahit tout le corps, des pieds jusqu'à la tête...
Deux fois, trois fois, dix fois, je tirai la sonnette...
Le concierge, rêvant de soie et de velours,
Demeurait insensible... Ida chantait toujours.
Alors, gelé, tremblant et piétinant sur place,
Sentant mes doigts raidis se convertir en glace,
Et la terrible onglée atrophier mes mains,
Je me mis à claquer comme un cent de Romains.
(Applaudissant, ainsi que Galuchat.)
    Bravo ! bravo ! bravo !

DUBATTOIR, reprenant.

                    Je claquais avec rage,
Maudissant mon Cerbère et son sommeil sauvage ;
Je claquais... quand soudain — ô miracle ! — la voix
S'arrêta : puis deux doigts, deux charmants petits doigts
Soulevèrent un coin du rideau... la fenêtre
S'entr'ouvrit... et je vis sa chère ombre apparaître,
Et son bras envoyer au malheureux transi
Un geste gracieux voulant dire : « Merci ! »
O bienheureux hasard ! Vénus m'était propice !
Vénus avait permis qu'ainsi je l'applaudisse
Sans y penser moi-même, et que, pauvre claqueur,
Je trouvasse en claquant le chemin de son cœur !
Le Cerbère m'ouvrit enfin la porte close
Et quand, le lendemain, voyant la vie en rose
Je sortis, et trouvai dans l'escalier Ida...
Sans détourner les yeux elle me regarda
En rougissant de joie et de reconnaissance !
La glace était rompue... Alors, plein d'assurance,

Je lui dis mon amour en termes délirants,
Et quelques temps après... Enfin, tu me comprends !
Depuis ce jour béni mon bonheur est extrême...
Je suis aimé d'Ida tout autant que je l'aime,
Et j'ai pu me convaincre, ami, plus d'une fois
Que la charmante enfant n'a de faux... que la voix !

GALUCHAT

Fortuné Dubattoir !... Ah ! comme je t'envie !
Tu gagnas, en claquant, le bonheur de ta vie !

DUBATTOIR

Malheureux Galuchat ! que ton sort est cruel !
Tu perdis en claquant le bonheur éternel !

GALUCHAT

Ah ! sous son jupon blanc, suaves et mutines,
Comme vous trottiniez, adorables bottines !

DUBATTOIR

Ah ! sur le piano, malgré les faux accords,
Combien les mains d'Ida me causent de transports !

GALUCHAT

Reverrai-je jamais, dans leur grâce menue,
Vos petits pieds divins, ô ma belle inconnue !

DUBATTOIR

Oublierai-je jamais, ô ma charmante Ida,
Le jour où ton amour à mon amour céda !

GALUCHAT, l'interrompant.

La fin... attention ! qu'au rappel on s'apprête !
(Ensemble.)
Bravo ! bravo ! bravo !

(Coup de sifflet.)

DUBATTOIR

Le sifflet qui s'entête !

GALUCHAT

Enfonçons-le ! Bravo !

DUBATTOIR

De la poigne !
(Ensemble.)

Tous ! tous !

La toile ! tous ! bravo !

GALUCHAT

La toile ! ou mes quat' sous !

(La toile se lève.)

GALUCHAT et DUBATTOIR

Ah ! ah ! Bravo !
(La toile baisse.)

GALUCHAT, se levant, ainsi que Dubattoir.
Fini ! Bonsoir la compagnie !

DUBATTOIR, prenant Galuchat par le bras.
Viens souper avec moi.

GALUCHAT
Mais...

DUBATTOIR

Sans cérémonie !

GALUCHAT, saluant le public.

Qu'à présent le public, un tas de braves cœurs,
Daigne applaudir la claque...

DUBATTOIR, de même.

Et claquer les claqueurs !

Fin.

TABLE

Le Rideau, par Eugène Verconsin.   1

Un Amour électrique, par Gabriel Liquier   13

Traitement thermal, par Eugène Manuel   37

Le Premier Roman, par Alphonse de Launay. .   53

L'Article II, dit par Mlle Delaporte.   101

Le Thème russe, par Me Amélie Villetard   111

Retour de voyage, par Richard Cortambert . . .   141

La Crémaillère, par E. Depré et Ch. Clairville. .   155

Un Proverbe de salon, par Jules de Marthold . .   191

Le Violon, par Ch. Cros.   223

La Laitière et le Pot aux roses, par Ernest d'Hervilly.   231

Notre Futur, par Georges Feydeau   263

Une Flèche, par Léopold Laluyé.   289

Le Rigollot, par Armand des Roseaux.   321

Les Claqueurs, par Jacques Normand   345